战略闭合

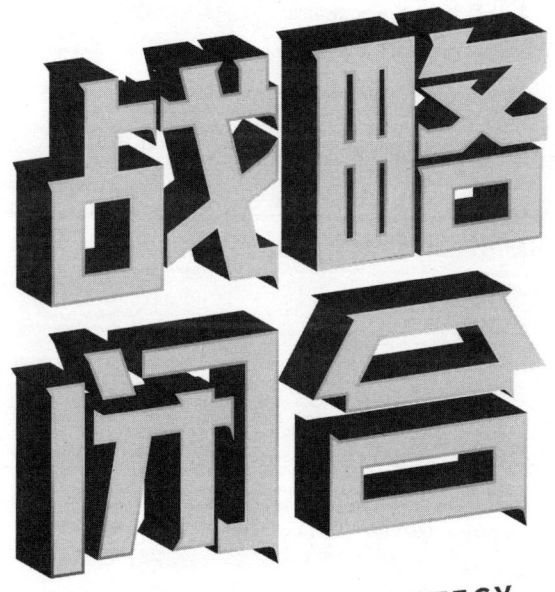

MICROTRENDS IN STRATEGY
释放从当下穿透到未来的小趋势

杜义飞 著
陈旭 王世家

企业管理出版社
ENTERPRISE MANAGEMENT PUBLISHING HOUSE

图书在版编目（CIP）数据

战略闭合：释放从当下穿透到未来的小趋势 / 杜义飞，陈旭，王世家著.—北京：企业管理出版社，2020.7

ISBN 978-7-5164-2171-0

Ⅰ.①战… Ⅱ.①杜… ②陈… ③王… Ⅲ.①企业战略—研究 Ⅳ.①F272.1

中国版本图书馆CIP数据核字（2020）第102778号

书　　名：	战略闭合：释放从当下穿透到未来的小趋势
作　　者：	杜义飞　陈　旭　王世家
责任编辑：	蒋舒娟
书　　号：	ISBN 978-7-5164-2171-0
出版发行：	企业管理出版社
地　　址：	北京市海淀区紫竹院南路17号　邮编：100048
网　　址：	http://www.emph.cn
电　　话：	编辑部（010）68701661　发行部（010）68701816
电子信箱：	26814134@qq.com
印　　刷：	北京环球画中画印刷有限公司
经　　销：	新华书店
规　　格：	145毫米×210毫米　32开本　6.375印张　126.5千字
版　　次：	2020年7月第1版　2020年7月第1次印刷
定　　价：	58.00元

版权所有　翻印必究　·　印装有误　负责调换

前 言
PREFACE

马克·佩恩说："小趋势才是决定未来大变革的潜藏力量……那些小的、新的、热情的群体，正在社会发展中起着重大作用。"

罗振宇说："小趋势，是影响趋势的趋势，带来改变的改变。"

战略像一把大伞，罩住了企业经营的范围，却漏掉了穿透到未来的小趋势。

——题记

20世纪初，"现代经营管理之父"亨利·法约尔指出，管理就是计划、组织、指挥、协调和控制。这大概是最早的战略思维，而第一个将"战略"一词引入管理领域的则是切斯特·巴纳德，他认为管理和战略是与领导者有关的工作，建立了现代组织理论的基本框架。

战略管理成为一个相对完整的理论体系并成为正式的商业主流课程，则要追溯到20世纪60—80年代。随着企业的经营发展，战略管理研究迎来第一个热潮，多个理论流派如雨后春笋般涌现，各大商学院也纷纷推出战略管理课程。可以说，那个时代要懂管理就一定要懂战略管理，要成为高管，一定要有战略的思维方式。管理的概念能传到中国并对实践带来影响，也多少得益于这一波战略管理热潮。

总的来说，战略管理课程通常分为四大板块。

第一个板块是战略的基础框架。这个框架围绕"主体""核心内容""角色定位"等问题展开，形成了一套基本范式和思维体系。

第二个板块是战略分析。何谓战略分析？就是将企业当作一个环境中的客体，企业的环境分为内部环境和外部环境。外部环境强调最直接的产业环境，内部环境主要强调企业核心资源与能力。我们将这两者加起来，就形成了一个非常古老的范式——SWOT [SWOT分别代表：strengths（优势）、weaknesses（劣势）、opportunities（机遇）、threats（威胁）]。这个分析相对简单，就是将企业的内部环境和外部环境分割开来分析。

第三个板块是战略系统。战略是一套系统，必然有层次与结构。首先是职能层，现在很多职能层都要具有战略思维。比如人力资源，可以讲战略人力资源；运作管理，可以叫作战略运作管理。企业的架构里面会设置一个高级管理团队,即战略团队。团队除了总经理,还包括管理财务的、管理人力资源的、管理技术的、管理市场的人员,构成整体决策团队。其次是业务层战略。什么是业务层战略?简单理解,就是把顾客拉进来完成业务闭环的战略过程。最后上升到公司层面,叫作公司层战略。从20世纪八九十年代开始,公司出现多元化,即M型公司。换句话说,企业的边界并不一定要集中在行业里面,它可以跨越行业、跨越各种业务。企业在不断地做一些公司层面的决策,如兼并、整合等。

第四个板块是战略实施。一个企业的存在从战略角度来看,就是一个战略实施的体系,战略实施是复杂的。在战略实施过程中,需要监管、控制,不断地协调、调整,不断地围绕目标做战略纠偏。

相对来说,以前企业所处的环境是一个静态的、稳定的环境。所以战略就是以最优的方式去实现最优的目标,叫作战略规划。如果做得更加长远一点,就叫作长期战略规划。

但是现在,企业所处的环境瞬息万变。战略决策的主要问题就是我们不知道环境会向何处发展。今天不知道明天的事情,快速变化成为一种常态。在环境动态变化的情况下,一个企业如何更好地顺应环境,在充分积累之后,又能够反过来主导一个场域?

以前，战略有一个基本思维，从当下预见未来，即从现在的存在预测未来的存在。但是一切都在发生变化，我们提出了一个新的说法——从未来预见未来！

为什么要从未来预见未来？战略的倾向发生了怎样的变化？为什么要从一种时空的更高维度来体现战略？这就需要解决战略的本质问题。

在这里我们需要引入弯曲时空。要理解弯曲时空，就要先了解维度。一维空间即直线，如果把一条直线弯曲成曲线，就形成一个平面，把这个平面卷起来，就是三维，三维再加上时间的维度即四维。那么，什么是五维空间呢？把时空弯曲，即五维空间。

从五维空间的角度去思考，时空也并非是不可逆的，我们把时间再往后推一点，未来也可以影响现在，这其实是相对的。过去、现在和未来三者之间是可以相互影响的，而不是我们过去所认为的，过去的就永远过去，现在可以影响未来，但未来不可以影响现在。

量子力学说时空是弯曲的，是有弹性的，而不是纯刚体的。商业也一样，小的能量场旋涡越转越大，形成一种趋势，未来就会按照这个趋势发展，也就可以从当下通向未来。正是因为时空可以弯曲，才有可能实现穿透。

大趋势只能顺应，我们没有办法把握这种趋势，所以跟着别人跑，没有任何战略意义。与其这样，不如从小趋势去把握，公司有一个业务做起来了，这个业务就形成了一个能转起来的小旋涡，这就是一个小趋势。当这个小趋势旋涡越转越大，就会把周围的力量带进去，这就是我们说的穿透。

战略发展的时空弯曲在哪里呢？企业管理者应该怎样制订战略呢？阿里巴巴、华为、腾讯又为什么能成功呢？传统企业该如何转型呢？很多新的战略问题接踵而至。

这不是一本严谨、严肃的学术专著，本书将以轻松、活泼的语言，从"存在——我们怎样看待企业，价值——新环境下的企业价值空间，转型——企业怎样面对转型，定位——企业应该坚守什么，活性——企业如何保持活性"五个角度与大家分享作者对现代企业战略管理的新认识。五个角度共同构筑企业的战略闭合，释放从当下穿透到未来的小趋势。

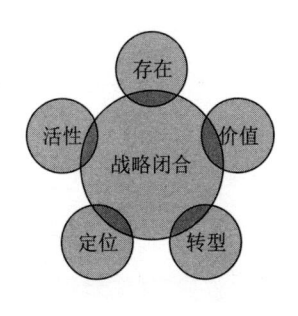

战略闭合释放小趋势

领略战略管理并进行思维训练的目的,并不是给大家一个战略模板套用到企业就万事大吉。希望通过本书的"漫谈",大家能得到思维的训练和能力的提升,也希望我们能与读者隔空完成一次心灵交互之旅。

在此特别感谢白杨,本书所用的插图都由其提供。

杜义飞

目 录
CONTENTS

第一部分　存在 001

第一章　企业是存在的闭合 002

驴和马的故事 003

情境存在化 006

争夺话语权 009

主动释放 011

学做"无头苍蝇" 014

第二章　战略还有意义吗 017

跳出线性思维 018

战略没有模板 021

内核永远存在 025

第三章 战略过程的闭合 ... 028

    目标：使命和愿景 ... 029

    分析：内外部环境 ... 032

    闭合：战略制导系统 ... 034

第二部分 价值 ... 039

第四章 挖掘潜在价值 ... 040

    "速递易"的窘境 ... 042

    挑战传统价值观 ... 048

    价值空间的延伸 ... 051

第五章 新价值突维 ... 054

    价值变了 ... 055

    如何突维 ... 060

    长板弯曲 ... 066

    转移到交互 ... 069

第三部分 转型 ... 071

第六章 原型思维 ... 072

    工业时代原型 ... 073

信息时代原型 075

　　不要惧怕混沌 078

第七章　重新认识转型 081

　　拥抱不确定性 082

　　转型不等于颠覆 084

　　善于发现潜力 091

　　跨界与多元化 094

第八章　突破转型瓶颈 101

　　内部的四个维度 102

　　具备"领地思维" 106

　　重在交互 110

　　发挥个体自主性 113

　　学会影响环境 116

第四部分　定位 123

第九章　传统定位渐行渐远 125

　　"五力模型" 126

　　SWOT 匹配 128

　　传统定位的弊端 132

匹配是动态的 134

第十章　创新定位思维 138
　　重新改写环境 139
　　核心竞争力动态化 144
　　环境交互思维 150
　　方向大致正确 154
　　以不变应万变 158

第五部分　活性 163

第十一章　认识活性 165
　　活性与用户 166
　　活性与环境交互 167
　　从职能系统中寻找活性 169
　　从业务定位中寻找活性 172

第十二章　释放活性 175
　　保持内部活性 176
　　触发活性最小单元 178
　　活性更需要沉淀 181

后记 187

第一部分　存在

没有人能够预知未来,但我们从不畏惧迎接明天。

——题记

传统意义上的战略,使企业清晰地找到一个定位以及发展的路径,然后去执行,在战略实施过程中获得反馈,再不断调整。如今,在瞬息万变的信息化时代,我们面临的最大问题就是环境变化太快了,今天做完决策,明天环境就变了,这给企业的决策者很大压力,企业的很多战略决策者变得越来越不自信。今天我们要探讨战略管理的基本范畴和界限。

第一章
企业是存在的闭合

战略管理要解决的第一个问题，就是主体的问题。战略的基本关注对象是企业，它并不是集中关注企业下面的某一特定职能，如人力资源、财务、市场、运营等，战略的关注对象是一个综合性的整体。我们认为，战略所关注的对象，即企业，并非一个客体，而是一个有机体，一个与环境交互的活体。

企业是一个整体。从长远的角度考察企业，使其成为一个长期稳定的活体，将企业从当下带向未来，这是战略管理所思考的核心问题。战略是一种长期的、远见性的规划，同时，保证这种持续性的规划在企业管理活动中落地。

企业在竞争环境中如何获得存在感，如何获得竞争优势，这是战略研究的基本使命和本质。也就是说，怎么让企业在环境中活下来，并且活得比较久？怎么让企业在一个不确定的、快速变化的环境中，从当下通向未来？这才是战略的本质和使命。

第一部分　存在

驴和马的故事

马和驴

在唐朝贞观年间,有一匹马和一头驴是好朋友,马有幸被唐朝著名高僧玄奘选中参与西天取经。

历经17年,行进5万里,马陪同玄奘凯旋,也算是功成名就。马想与好朋友驴分享喜悦。

而这头驴呢，并没有这般光鲜的经历，它只是做自己能力范围之内的事情。驴的耐力比较好，17年如一日、周而复始地拉磨。

马对驴讲："其实我们走的路是一样的，都付出了艰辛，但是差别在哪里呢？我追随玄奘，朝着一个方向、一个目标不懈努力。而你每天只是围着这个大磨转圈，循环往复。我们得到的结果是有差异的。"

听完这个故事，大家有何感想和启发呢？

我们在MBA课上也与学生分享过这个故事。有的学生比较正能量，认为驴和马走路的路程是差不多的，只要驴敢于突破，敢想敢做，朝着既定目标不断努力，就一定会有收获；有的同学认为，资源、能力决定一切，先天性资源、禀赋的差异决定了命运，并非驴不够专注和努力，只是它自身的条件使其只能去做拉磨这样一件看上去并不那么光鲜亮丽的事情。一边强调方向、目标决定结果；另一边强调内在资源、禀赋决定结果。还有的学生认为，驴和马自身做什么事情其实并不重要，关键在于它们的伯乐。玄奘究竟是选择一头驴去西天，还是一匹马去西天最为重要，这映射出一种外部力量的决定性作用。

学生们从不同的视角来看，得到的观点也不同。有强调自身的，也有强调外部力量的。再换个视角呢？有的学生反问道："谁说参与西天取经的马就一定比每天勤勤恳恳拉磨的驴做的事情更有意义？也更加成功呢？"

第一部分　存在

我们赞同这一说法。现实中我们并非都得按照马的这条道路去走，驴十年如一日地拉磨也实现了自我价值。企业也一样，并不是每家企业都非得成为阿里巴巴，每位企业家都要成为马云。企业只要在自己擅长的领域做好自己的分内事，既让社会满意，也让员工和自己满意就可以了，为什么非要和阿里巴巴比呢？和阿里巴巴对比，企业就开始迷失了，盲目拓展、盲目多元化，久而久之，企业就钻进了死胡同。

企业选择战略一定要考虑所处的氛围与场域，它们是由谁主导的。驴也有自己存在的战略和价值，但前提是战略和价值要置于环境之中。驴没有必要去和马比较，产生不必要的自卑。

与众多学生交流，汲取各路观点，我们从这则故事凝练出以下结论：决定结果的因素中，先天性的资源禀赋很重要，环境中的定位和未来的目标也非常重要；外部资源以及外部影响力同样十分重要，然而最重要的是谁来主导这个场域。驴也完全可以将马拉到它的环境里面去，在驴的场域里，驴的重要性就会凸显出来。就像开同学会一样，你可以将所有的同学拉到你的环境中，凸显你自己擅长的能力。

这一点是我们一直想强调的，战略需要不断释放新的思维角度。

情境存在化

驴和马的故事告诉我们,不管是从资源、外部环境还是其他方向切入,总能找到一种逻辑来强化自身的作用。

传统战略将企业根据二元论来划分的方式是错误的,二元论意味着我们先做企业评估,然后给它指引一条未来发展战略。而不同的做法是先将企业融入环境之中,然后不断尝试、调整,找到一条企业的道路,才可能支撑一个企业的持续存在。企业战略更多的则是在于允许新的存在逻辑的涌现,然后快速提振循环,抓住一个突破点,凝固成企业核心,形成属于自己的独特战略与小趋势。

我们分析驴和马的故事,就是为了从不同的角度不断突破。有了这个逻辑,我们才有了一系列连续的思考,从而形成一套完整的逻辑体系。有了这套逻辑我们就会非常清楚,战略需要多角度思考,找到自己的"主场"到底在哪里。如果单纯按照一套模式简单地复制,企业可能会面临未来的陷阱。所以我们希望通过这本书将思考问题的方式传递给大家,真正的企业战略制订,需要战略团队根据具体商业环境,凝练出专属的、特定的一套战略范式,去实施、执行与落地。

第一部分　存在

从这个角度出发,我们可以得到一种新的思考逻辑,称之为"情境存在化"。其最核心的理念就是"化","化"字的古文是两个人背靠背转起来。

在日新月异的环境中,把企业不断强调和强化成一种有机的存在,这就是战略所要训练大家的一种能力。

具体来说,每个人都生活在一个大的情境、环境和氛围下,在随时保持互动交互的过程中。我们坚信一定有某种稳定的、活性的东西被保留下来,这保证了我们的存在。我们要做的不只是一种自我展现,还需要到环境当中去影响环境,我们与环境的闭合不断开创和绽放最新的商业形态。

战略管理始终绕不开对一个核心问题的讨论,即企业如何求得在一个环境中持续存在?

企业要有自己的灵魂,也要关注其内外部环境的斗转星移。脱胎于大工业时代的战略模型和理论顺应互联网时代的大背景与大转移,显得非常吃力。当我们尝试分析一些成功企业的战略时会发现,任何企业都有其所属的独特环境,都有自己的专属性目标与蓝图。我们生硬地照搬一些模型或套路时,总感觉是鸡同鸭讲,难以共鸣。

企业战略过程错综复杂,企业需要用非线性的维度去释放活性,需要具有快速调整的能力。这不再是从当前出发的一种简单逻辑过程,而是一种系统论,我们将其定义为是一种存在性计算。

战略闭合：释放从当下穿透到未来的小趋势

有一本比较畅销的书叫作《失控：全人类的最终命运和结束》（作者是凯文·凯利），得到了互联网企业家的一致追捧，如周鸿祎。《失控：全人类的最终命运和结束》诞生于1994年，是一本思考人类社会进化的"大部头"著作。此书从当时的社会、经济和科技发展窥探出一幅未来图景。书中提及的很多概念今天正在兴起，如大众智慧、云计算、物联网、虚拟现实、网络社区、网络经济、协作共生等，它曾一度被称为互联网发展的"先知"，内容浅显易懂，深受读者喜爱。实际上，这本书之所以能产生如此大的影响力就在于它体现了这个时代的要求。尤其是在2000年之后，商学院再没有出现过像德鲁克、克里斯滕森那样的影响商界的大师级人物，更多的是像凯文·凯利这样的独立思考者与自由撰稿人正在影响新商业精英人群的思维方式。战略管理学者的思想已经和商业实践潮头渐行渐远，有的战略框架故步自封，已经落后于时代。

中国的经济已经显露出了"中等收入国家"的一些端倪，寻找下一步的出路与突破势在必行。商业实践是鲜活的，总会涌现出新的力量、新的创造和新的思想，它们并不是能直接看得到的，马上能说清楚的，更多的是涌动、萌芽和小趋势。中国企业的发展依靠的是一波又一波潜在力量的推动，它们在涌现，它们源源不绝地扑面而至。经过40多年的积淀与磨砺，总会有新一波的年轻人、新一代的思想涌现，这也是经济发展的希望，小趋势的必然绽放。

第一部分　存在

● 争夺话语权 ●

马云和刘强东

在2016年亚布力中国企业家论坛第十六届年会上，刘强东提出，"传统企业要明白一个道理，'专业的人做专业的事情'，你们不需要亲自做电商，京东帮你们做就行了。"第二天马云便发表了不同观点，"每个企业都应该都自己的电商部门"。

我们曾参加过一次传统企业家的讨论，问大家是赞成刘强东的

战略闭合：释放从当下穿透到未来的小趋势

观点还是马云的说法。有企业家认为，两者所讲皆有道理，企业是否做电商要根据企业自身的实际情况来定夺；也有企业家认为，马云的观点更多地结合了自己团队的情况，思维更加超前，而刘强东则更"接地气"；还有企业家认为，电商应该交给专业的人来做还是应该自己做，要看企业做电商的具体职能是什么，但选择的前提是所有企业，包括传统企业，都需要拓展电商业务。

如何看待两人的观点呢？很简单，马云的观点代表的是淘宝模式，淘宝只为电商提供平台和服务，并不过度介入电商自己的运营管理中；而刘强东则代表京东模式，京东作为渠道代理，更多时候会全权代理商品的电商销售。认为企业需要电商部门的企业家自然同意马云的观点，反之即同意刘强东的观点。但我们往往忽略掉的便是企业的"灵魂之问"——我是谁？我处在什么样的一个行业？我为什么需要电商部门？

如果有人问我们赞同谁的观点，我们会告诉他：不管是马云还是刘强东，他们都不是最了解传统企业的人。他们对传统企业是否需要电商的分析也仅仅是从交易这一个环节出发的。回答这个问题需要企业重新审视自己，确定战略的主体，即"我是谁？"

每家企业都要了解自己的定位，找到自己的价值，把握好自己的场域。企业把这个立场站稳，再去思考自己需不需要电商渠道，是京东模式还是淘宝模式更适合自己。这不是单纯的 A 和 B 之间的竞争，关键在于谁能成为这个情境和场域中最有话语权的人。话语权代表影响未来，代表直接影响一个企业能否存在，并且自己能否从当下通向未来。

究竟是传统企业围着电商转，还是电商需要遵循传统企业的"游戏规则"，企业要回到自己的主体立场中去寻找答案。"电商只不过是企业的一个渠道而已"，回答中体现了传统企业家的过度自信，但是，我们能感觉到他从战略上有自己的主体意识，坚信传统行业存在合理性是不能轻易动摇的。

主动释放

万科原董事长王石曾讲过，国家发生大的灾难，救灾的工作应由政府和社会公益组织来做，跟企业没有关系，企业就应该做好自己该做的事情。这是传统经济与管理学中的主流观点，诺贝尔经济学奖获得者弗里德曼就坚持这样的观点。学者普遍认为，企业的存在就是要发挥企业制度的优势，专注于生产服务的过程，为社会创造更多的产品，从而创造价值和实现利润。企业不需要关注社会性价值，这与企业无关。然而，事实果真如此吗？

战略闭合：释放从当下穿透到未来的小趋势

管理学有一个新兴领域——制度创业，讲企业应该有意识地去改变自己生存的制度环境，得到社会更广泛的认可。企业应该去影响环境，改变一些约束和制度。我们走访过九家技术型中小企业，它们有一个基本的认识倾向：只要技术好就能够得到认可，只要做出好的产品客户就一定会买。

在一次创业创新大赛前夕，我们参与学校的学生参赛项目的辅导。有一个做羽毛球机器人的团队，技术不错，被广泛认可。他们做了一本非常厚的创业计划书，简单翻看之后，我们问他们："你们怎样实现商业价值？"他们告诉我们，他们准备把产品规模化生产，成本大大降低，产品可以走进家庭，以后不用跟人打羽毛球了，可以和羽毛球机器人打。技术创业团队从技术角度理解的需求往往是脱离真实的消费场景的，远离价值存续环境的。

我们总是认为企业应该井井有条，出现混乱就是管理出现了问题，这其实是我们管理认知的误区，我们把企业从环境中隔离开了。在现有环境下，直觉告诉我们这种割裂不是给我们指明正确方向，反而是把企业推向生存的悬崖。不管是什么类型的企业，它们都要融入环境、市场和场景，这是存在的前提。企业如何真正融入环境，不仅仅局限于适应环境，还要作用或主导环境。

驴和马是不同的主体，它们都有属于自己的情景和逻辑。无论是驴还是马，想要存在，都必须从自己的立场上去释放存在的力量。

第一部分 存在

刚开始影响力可能会比较小，是小趋势，没有关系，只要有"星星之火"的信念，不断地沉淀循环，小趋势最终也会得以绽放。

支付宝是一个独立的第三方支付平台，2004年创立。支付宝从依托淘宝到独立运营，发展至今已拥有超9亿的用户。有学生兴奋地告诉我们，马云做支付宝的模式他也能做，还能更极致。理解模式不难，再做一个"支付宝"出来也没有问题，问题在于支付宝从无到有的这个过程是无法复制的。它影响了几亿人，从现金支付到电子支付，使更多人养成了用"支付宝"支付的习惯，复制"支付宝"有意义吗？你需要的是专属于你的小趋势。

我们曾带MBA学生去企业调研，访问了许多技术型企业，大多数受访者都表示"只要我们技术好了，产品就能卖出去。产品卖不出去的主要原因是我们缺少专业的营销人员，只要招聘到营销人员，产品就能销售出去。"乍一听，似乎没什么问题。细细想来，事情并不是这么简单的。工业化时代单个产品确实会影响消费者的购买行为，但是一项新技术被消费者接受却是一个漫长之旅。

企业生存不仅仅只有一条路，企业既可以通过将产品做到极致之后卖出去，也可以选择大家所接受的方式去分享产品，关键在于主动去释放、去绽放。

今日头条是一款基于数据挖掘的推荐引擎产品，它的核心技术在于为用户提供有价值、个性化的信息。它为什么特殊？阿里巴巴、

·013·

百度、腾讯等很多企业在西方是有原型的，但今日头条没有，它是中国土生土长的。创始人张一鸣刚开始名不见经传，今日头条刚成立时，看不出有什么特别，我们至今也不能完全理解为什么它会在很短时间内迅速蹿红。时代变了，企业的成功不再是成功模式教科书式地复制。企业可以坚持自我，也可以勇敢创新，关键是能够把握小趋势实现穿越。

现在许多新兴互联网企业，包括拼多多、抖音等，就是释放小趋势的代表。这些小趋势的基因里有可以穿透、释放出来的巨大潜在力量。"人人都是IP"，我们很多人的欲望，抖音打开了"潘多拉盒子"。

学做"无头苍蝇"

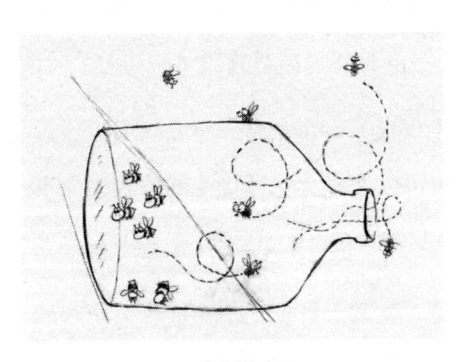

苍蝇和蜜蜂

第一部分　存在

著名社会心理学家卡尔·维克做过一个实验。他将六只苍蝇和六只蜜蜂同时放入一个玻璃瓶中，玻璃瓶的一端是封闭的，只有一束光线照射其上，玻璃瓶的另一端则有一个小孔。第二天早上，他去观察实验结果，发现六只苍蝇全部成功逃脱，而六只蜜蜂全部死在瓶中。不是蜜蜂不聪明，而是它们太过执着，只选择向有光线的地方飞；"无头苍蝇"多撞几次，自然会撞到出口，成功逃脱。

互联网环境也是如此，企业只有不断尝试才能找到出路。这是现在最为重要的动态能力。"蜜蜂只会朝着有光亮的地方飞"，结果很悲剧。我们处理企业与环境之间的关系，维系企业持续存在，更需要多样性的逻辑，而非单一固定目标的逻辑。

举例来说，一般情况下，企业组织结构均为"正三角形"，即普通员工在底层，中层员工在中间，管理人员在顶层，形成金字塔结构。这种结构的显著特点是稳定，但组织僵化，缺少活力。海尔推翻"正三角形"，重塑"倒三角形"组织架构。普通员工在顶层直接接触客户需求，凸显"以顾客为中心"；组织结构在中间，提供资源、服务和平台；战略管理人员在底层，协同内部，寻找外部战略机会。

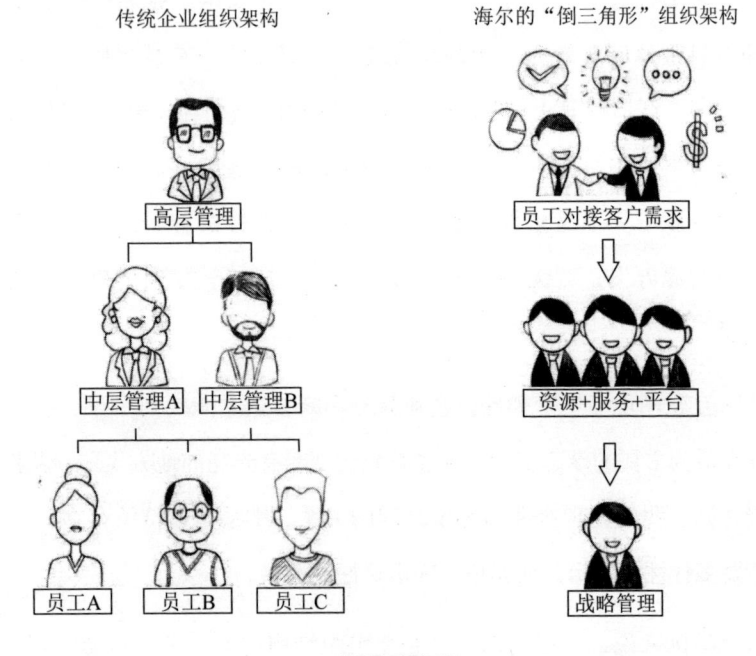

战略闭合：释放从当下穿透到未来的小趋势

传统企业组织架构　　　　海尔的"倒三角形"组织架构

三角形组织架构

"倒三角形"组织像陀螺，快速旋转才稳定，能够有效保持活性。以前企业的活性更多体现在企业整体的角度，而海尔的"倒三角形"组织架构使每一个小单元都能释放活性。任正非"让听得见炮声的人去决策，去指挥资源的调度"表达的也是同样的道理。

企业要勇于尝试，不要拘泥于形式。只要企业能够成功地凝练出最核心闭合，企业就能存活下来，而且还能持续发展，甚至影响别人。

第二章
战略还有意义吗

传统战略的起点是当下。传统战略目标可以简单地概括为：如何将企业从当下引领到未来。战略体现为一个单向规划过程。但是，企业的存在是跨越时空的，既在当下也在未来。企业所处的环境发生变化，企业内在的物也会发生改变。在一个动态的环境中，用规划方法能够把当下的存在平滑地推向未来吗？传统的战略环境有一个天然划分界限，企业的内外部环境是清晰分离的。我们总是希望有一劳永逸的方法去实现目标，当这种基于还原论的思维模式走不通时，战略还有意义吗？

有一个非常通俗的映射：每个人都有战略。

你是谁？要到哪里去？你为什么存在？你的存在会使你未来通向哪里？人到了一定年龄，就会时常回忆以前的经历，通过不断回味，就越来越清楚"我是谁？""我要到哪里去？"这些问题了，这是人生体验的反复回溯。战略并不是高大上的、遥不可及的，它是

战略闭合：释放从当下穿透到未来的小趋势

人普遍具有的一种思维。不管环境如何变化，企业战略都有意义，当环境快速变化之时，战略思维的意义将更加凸显。

跳出线性思维

管理的概念可以简单地归纳为"做事"，但要添加两个前缀。第一个是"做正确的事情"，即保证企业战略能有效率地执行和实施。第二个是"正确地做事情"，即保证你做事情的方向、结果与功效。"做正确的事情"强调效率，如果企业有所懈怠，就会事倍功半；"正确地做事情"强调方向，如果方向出现偏差，企业的发展就会南辕北辙。

都江堰

第一部分　存在

在领略管理的基本内涵之前，建议大家去参观一下都江堰。工业时代的管理概念大多数都源于西方国家，但都江堰水利工程折射出的是中国的管理智慧。

首先，没去过都江堰的人会认为都江堰作为水利工程，跟三峡、二滩、小浪底一样都有个大坝，"无坝不成堰"。都江堰最初是没有坝的，它强调"道法自然"，因地制宜的设计使水流得以循环，在循环过程中水流得以利用。

其次，都江堰工程的三大核心工程包括：鱼嘴，将上游岷江的水分流出了内江和外江；飞沙堰，具有泄洪、排沙的功能；宝瓶口，灌溉成都平原。有人认为，李冰父子建造的都江堰，一直留存到今天。这个观点是有误的，历朝历代治蜀官员都在不断地修缮和完善该工程，每年清明前后都需要放水清理沉积在内江的泥沙。

都江堰工程2000多年来一直持续发挥作用，它拥有在大自然不确定环境中不断变化和协调的能力。我们总是认为未来可以线性地把握，只要它们能够像机器那样运转，我们就能不断地提高效率。这些观点往往忽略了人会不断变化这一本质，我们总会遇到新的问题。

做管理就是在矛盾中不断疏导和调整的过程。管理处理的是如何让人与自然发展和谐、平衡的问题。管理的潜力在于激活人的活性。

战略闭合：释放从当下穿透到未来的小趋势

都江堰工程启发我们改变基本思维——由以前的"堵变为疏"再到现在处理"疏和导"的关系。在这个过程中，我们不能完全按照自己的意愿去设定。疏导是顺应自然的法则，在不断寻求平衡中形成一个方法并留下来。管理是一个持续更新的过程，只有这样才能真正承接来自潜层次的力量。

许多水利工程是单纯地修建一座大坝，目的是一劳永逸地去解决问题。这种想法往往忽略其潜在影响，比如对生态环境造成影响，出现无法预见的问题，等等。都江堰水利工程总结出来一句名言——"深淘滩，低作堰"，如果将这句话用在管理上，我的理解就是，管理是一个经久不息的过程。

有人曾惊奇地发现，都江堰内江的弯曲度与现代流体动力学的仿真刚好契合。2000多年前并没有流体动力学，也没有大型仿真模拟计算。都江堰内江弯曲度的形成过程，是几千年来人与自然不断互动过程中，通过不断尝试调整和改进，逐步演变而成的一条优美曲线。这映射出新的战略思维，战略不再是针对目标的线性计算结果，而是针对不断释放异常和交互的存在计算，由许多个点汇集成为云的整体性趋势累积。

我们对战略的理解是基于情景存在化的思考。这是一种哲学思维范式，是不可还原与回溯的。它的前提是企业需要奠定坚实的存在基础，能与环境交互的闭合，并体现出企业核心竞争力的来源，

第一部分 存在

即不断尝试不断沉淀下来的能力，是决定企业在当下存在并且拥有竞争力的基础。作为企业家，要做的基本事情就是沉淀下来，积累能量，打磨企业内在闭合。

以前在商业模式课程中，许多企业家学生经常跑到办公室问我，"老师，您觉得我这个商业模式怎么样？如果没有问题，明天就准备运用到我的企业中。"我告诉他们："有没有问题是其次。你这个逻辑并非存在的逻辑，因为这只是你通过自己的思维角度，去做了一些假设性的推导，并没有放置到多主体存在的环境中去检验，而到环境中去检验才是战略的基础。"

战略没有模板

战略绝对不是一套模板，并不是拿来套用的。战略的范式是从企业自身管理的土壤里面升华出的一种思想，再不断反馈到企业的管理实践。每家企业都有独特的战略思想，企业家在企业这片土壤上不断挖掘和捕捉思想，最后形成指导企业实践的战略思维。

案例教学在国外的商学院曾经非常流行。据说哈佛商学院的学生从入学到毕业会接触到上千个案例。这种教学方式的本质无非是觉得案例接触越多,就越会自然地去模仿并指导企业实践。但案例只是用于启发思维,不是用以总结出一套理论,再套用到特定企业中。

以前流行"对标管理",即认为只要选择一个优秀企业去对标、去模仿,模仿企业就能做到同样优秀。阿里巴巴与京东都是优秀企业,但它们的商业模式完全不相同,在这个时代对标已不神奇,并不存在一套适用于所有企业的模板。企业应该掌握的是一套方法论,可以在自己的土壤中生长出自己的东西,释放战略小趋势才是正道。

十几年前,我在讲戴尔案例的时候,学生说他可以做一个比戴尔更优秀的企业,对这样的自信我一般不做评价,我会反问:"你能做出第二个戴尔吗?"

20世纪90年代,美国各大计算机厂商正处于激烈的竞争中,戴尔却凭借直接销售的方式取得优势,领先行业。戴尔的直销模式看似简单,竞争对手都可以复制,实则不然,当时,IBM和康柏都复制过直销模式,然而都以失败告终。究其原因是戴尔的供应链管理系统具有独特性和高效性,仅复制直销模式并没有掌握戴尔成功的关键,要降低成本、提高效率只能在整个供应链管理系统上下功夫,而不是仅复制其中的一个环节。除了采取直销可节省中间环节成本外,戴尔模式还包括灵活、自由、个性化的私人订制服务和高效的按单生产,在这样的供应循环中,戴尔的货品周转率很快,几乎可

第一部分　存在

以达到"零库存",从而节省库存成本。类似的属于戴尔自己的模式不一而足,直销模式并不是戴尔成功的关键因素。戴尔的成功在于,除了做好产品,还能在这个复杂的社会交互过程中,让大家渐渐接受了戴尔的经营方式。让大家接受戴尔的过程才是学习战略管理应该关注的重点。

再谈共享单车。共享单车投入市场的初衷是为了方便人们短途出行,其主要收入来源有五种:一是客户使用单车时支付的租赁费;二是客户缴纳的押金和利息收入;三是与其他商家合作收取的推广费用和投放到 App 和单车上的广告费用;四是收集到的大数据分析可以商用;五是政府对于节能减排项目的补贴。共享单车的商业模式实属简单,大家都能想清楚这种模式是如何赚钱、如何融资,又是如何成功的。但大家很难明白的是,这个商业模式究竟是哪些人在参与,他们又是通过什么样的形式取得的成功,以及消费者究竟又是如何一步一步地接受共享单车这种商业模式,然后开始去熟悉它,使用它?这个过程才是商业形态的基础。我们会觉得是因为方便所以才选择接受和使用共享单车,而这个接受和使用的过程,正是商业所需要研究的范畴。所以,大家会发现许多可以看得很清楚透彻的商业模式,但自己付诸实践之后往往会遭遇失败。

同样的,当我们看到隔壁包子铺生意红火、挣钱很多的时候,我们往往会想要去开一个同样的包子铺,挣同样的钱。但现实时常

战略闭合：释放从当下穿透到未来的小趋势

与预想相违背，单纯模仿往往都会失败，原因在于你只看到隔壁包子铺红火这样非常表面、非常显性的一面，反而不会注意隔壁包子铺经历了一个怎样的过程，才慢慢使它的包子被大众所接受。

经常有一些企业会向我做一些咨询，然后要求我出一份报告。但是我想做的是通过交流去激活目标企业团队中的每个人，而不只是一份单纯的报告。因为共同交流和讨论的方式更有利于新观点的不断涌现，从而将观点表达出来，并形成真正属于企业的小趋势。

我在《潜模式》一书中提出过一个"火山模型"理论，其最大的优点在于不仅能抓住爆发出来的东西，还会关注火山的内核，这个内在闭合的涌动才是最关键的点。战略是一个体系，但战略的意义不是单纯地套用体系，而是通过这个体系把最精华的东西绽放出来，再抓住、凝练、归纳、总结出独有的闭合小趋势。例如，华为说自己三十几年发展的关键词是"混沌"，"混沌"的意义其实就是华为在企业管理里面不断涌现新想法的力量。

换句话说，我们做一件事情时，最强大的力量不是来自上层，而是由上往下层层执行时涌现的力量。十年前，商业界最火爆的书是讲执行力的书，认为执行力是第一生产力，但现在执行力不再是最应该关注的热点。现在我们更多的是关注活跃和涌现。就像在这个时代，每一个人都可以搞直播，都可能成为网红，个人的力量变得更加强大，这是一个从下往上涌现的过程。联系到战略，这些力量被企业及时抓住，再回归到企业，通过不断的凝练，便形成企业的小趋势。

内核永远存在

内核是永远存在的。战略的内核既有凝炼得非常抽象的哲学层面的内容，也有更具体的层面的内容，比如企业的精神信仰、企业的独特做法等，这就是企业内核。战略的本质是企业首先保证自身持续存在，然后把活跃的东西承载下来，不断突破原来的企业内核，不断反思，变得更加强大。在此基础上做出基本判断并形成一个闭合的小趋势。

我是谁？我要做什么？要到哪里去？当一家企业形成了统一的精神内核，这些观念像云一样萦绕在每位员工的头脑中，开始发挥作用，它对每个人都有约束力，大家都愿意主动地去奉献、去发挥作用。记得很多从华为出来的人告诉我，"老师，只要我们一进入华为，就会感觉到一尊'神'无处不在。他就是任正非。"虽然这是个感受，但其实是战略的上层。任正非所维系的华为精神就是华为人统一的价值观与约束力，它促使每位华为人为此贡献力量，成就华为也成就自己。

战略闭合：释放从当下穿透到未来的小趋势

在现代环境中，企业最重要的是什么？答案是企业内核。因为企业是一个平衡的活体，不需要完全被动地受制于环境，很多时候企业需要主导一个环境。所谓主导一个环境，并不是非常强势地去干预，而是让更多人相信和参与到企业要做的事情中去。许多战略学教授往往会选择去企业担任首席战略官，比如长江商学院教授曾鸣担任阿里巴巴的战略顾问，陈威如出任菜鸟网络首席战略官。大家不免会有疑问，这些研究战略学的教授为什么会跳槽到企业？他们不是单纯地去给企业做战略，而是要给企业一个"说法"，给企业提炼一个内核，这个"说法"不仅仅是给企业的员工听的，更重要的是给社会大众听的，其目的就是为了得到精神认同，影响更多人，进而主导一个场域。

我把马云称为"未来大师"，因为他最大的能力就是擅长利用未来的力量来让更多的人相信这件事情可以发生。这是存在于企业和环境之间关系闭合的一种内核力量。

大家都知道自己在自己的场域中更能自如地释放诸多潜能，比如踢足球的主场作战可能表现会更好。做企业和企业管理，就是要把企业放在一个场域的中心，形成闭合来旋动更多参与者。这是一种很强大的力量。这种力量不仅影响当下，更能主导人们从未来出发去相信这件事情一定能够发生。

回到马和驴的故事，我认为，最重要的是故事的主角是马还是驴。企业作为一个活体，它所聚集的能量不单单是为了将企业做好，更重要的是通过转动业务，企业能够在一个小的场域内或者更大的平台上成为龙卷风的"风眼"。

　　战略并没有一个绝对标准。战略处在一个相对的时空中，而且这个时空可以弯曲。什么叫作未来决定未来？做战略最根本的方式并不是基于当下去描绘未来，而是需要借助未来的力量，用未来的方式去预见未来。至于为什么要基于当下，做好当下，其实是为了让别人相信企业所预见的未来是可信的。企业所带动的未来力量，是一种穿透的力量。企业所设定的目标和路径，必须要借助这种未来之力，企业才能从当下穿透到未来。

第三章
战略过程的闭合

战略分析的五个步骤——战略愿景使命价值观、外部环境分析、内部环境分析、战略匹配与制订和战略执行，是战略管理学者几十年的总结，具有普遍性。

战略是一个层次系统，它不是仅仅停留在高层，职能层也非常重要。在这样的一个层级结构中，战略首先需要一个"云端"——愿景和使命。

然后我们在此基础上再做战略分析，国外的管理学家常用SWOT理论进行分析。时代变化，内外部环境通常会相互影响和转化，我们并不将内外部环境分开讨论。

接下来就是战略的匹配和制订。从关联的角度去看待战略过程，每个企业受场域影响，逐步被旋入，就会产生动力。有了动力，战略才能得以顺利实施，带来想要的结果。正是因为战略本身就聚集了能量，所以可以把战略制订与执行视作一体，我们不将其简单分离。

以上步骤是一个循环往复的闭合过程，企业在做战略的时候，需要常态承接，不断总结调整，使得这个过程闭合，真正释放活性与小趋势。

目标：使命和愿景

云端

战略闭合：释放从当下穿透到未来的小趋势

战略的第一个步骤就是战略"云端"——愿景与使命。

首先我们要明白的是，企业是一个由人构成的组织，只要与人相关就不能像看待机器一样线性地看待企业。人有自反性，人的需求和满足在不断变化，复杂性是其基本面。

还在读书的时候，我们时常会对自己说要是哪一天我们也能够有属于自己的房子和汽车就非常满足了。这个目标很快就实现了，但是我们又有了新的需求和目标。其实我们每个人都是这样，当我们实现了一个目标之后，很快就又会产生更多的不一样的需求，这样的需求很难机械式地加以承接。

如何来维系一个由人组成的组织呢？这就需要有一种隐形的力量将组织中的大部分个体维系在一起。这些高于基本欲求的纽带，我们暂且将其称之为"共同的信仰"。

这种信仰可以平移至组织中，承载和管理这种信仰的方式可以归纳为企业的愿景与使命。愿景对每个人的约束与凝聚不是直接的，而是抽象在一个共同的认知景象中。使命告诉大家具体的共同任务，这个过程需要不断的激励来推动。

这也是为什么许多企业除了满足员工物质上的需求之外，还越来越重视对员工心灵上的慰藉。使命告诉我们在当下的战略层面具体做什么。愿景告诉我们未来共同的憧憬与画面。愿景并非仅仅是在一个小的范围内发挥作用，它也有对社会的影响和贡献。

第一部分　存在

　　马云创业之初就告诉他的员工，阿里巴巴要进入电商企业的全球前十，那个时候，大部分人认为马云在说大话。大话也好，实话也罢，这个目标通过马云反复讲反复诠释，到了一定的时候和阶段，形成了一种动力。后来，阿里巴巴成功上市，实现当初大家都认为不可能实现的目标之后，马云又站出来告诉他的员工，他们要成为"三大帝国"，包括电商、金融以及物流。2018年，马云再次站出来说，阿里巴巴要成为全球第五大经济体。

　　他之所以反复告诉大家新的使命、新的任务，就是希望不断凝聚企业中人的力量，使员工始终充满活力。不管是马云，还是其他企业家，他们所提出的目标不一定每个都会实现，但至少存在一种力量，把人心凝聚起来。我们经常说，只有治心者才能够得天下。

　　"让天下没有难做的生意"，大家认为阿里巴巴能承担这样的使命，将大家带领到生意都将不再难做的未来。人们对场景和图画的理解，比理解文字更加直接、更加快捷。我们需要来自未来的力量，只要大家一起相信"未来"，那么就能实现这一"未来"。

　　再谈到价值观。我们先介绍一个单词"commitment"，即承诺。承诺的要义在于，当你进入一家企业之后，需要将一些东西交付给企业，并约束着你在未来要努力实现它。组织中的人与组织之间，除了利益交互之外，还需要心灵交互。企业需要方法将每一个人都汇聚起来，除了最基本的物质福利待遇之外，还要有共同的愿景与使命，即个人对组织的承诺，以及逐渐形成的规范和约束的价值观。

所以，企业要主动建立价值观，使大部分员工都有共同的信仰，共同去完成一件事情。这就是战略过程的第一步。

分析：内外部环境

第二步外部环境分析与第三步内部环境分析是传统战略分析中的主体和重要的环节，即在战略制订前企业必须有科学的战略环境分析过程。

我国传统文化中讲世界的形成，一般是引用盘古开天辟地的神话故事。盘古使用斧头将世界分成天和地两部分。这个斧头一劈开，就很形象地体现了我们分析问题的起点。

我们从小学到大学所接受的知识更多的是理性知识。这里的"理性"可以用笛卡儿的"二元论"来做一个解释：当我们看问题的时候，会立即将自己独立出来，即我们是主体，世界都是客体。好处在于其奠定了现代科学的基础，使科学在人的能动作用中迅速得到发展。但麻烦的是，很多问题其实就来源于这斧头一挥的过程中，严格将主客体分离，使我们在分析问题的时候，先想的并不是将自己融入其中，而是脱离出来。

现在我们换一个角度来思考问题。在分析外部环境时，企业要主动融入环境，在情景中去充分体验感受。场域和情景的融入，有机会让大家去共同相信一件事情，共同促进一个未来现实的出现。这种力量在未来的管理中非常重要，这个时代管理转型与变化都需要从中得到赋能。

新的环境分析特别强调重视企业与环境之间的互动，即环境能影响企业，反过来企业也可以影响环境。如今量子力学为我们提供了更大胆的互动维度，唯物主义哲学的基本观点是物质决定意识，而量子力学却告诉我们，在微观世界里，意识也能够决定物质。姑且不论这个观点正确与否，它的确为我们开辟出新的维度。尤其是我们在分析企业与环境的关系时，一定要突破工业时代单项效率空间这一维度，上升到更高更深的互动多维度。

分析企业内部环境，即一个认知自我的过程。人在这个过程中要认清自己，其实比较困难。想要清晰地认知自己，一定要将自己放到我们存在的环境中，只有这样才能真正地全面认识自己。这个认知过程是基于一种广泛的联系和一种关联性来实现的。同样的，我们在看企业的时候，绝对不是孤立地去看待这个企业有多少资产，

战略闭合：释放从当下穿透到未来的小趋势

有多少员工，而是需要将企业放在一个真实的情景中，审视其所拥有的资源与能力。

从外部来看企业的行为是定位企业的战略，从内部是分析企业所拥有的力量。现在的企业越来越倾向轻资产，许多业务完全外包出去，那么，这个时候企业的内部究竟还剩下什么能力呢？在我看来，内部力量越来越倾向的是一种无形的力量，不再是直接的、物质的资产和产品。在这样的情况下，战略研究和解决的问题是维系一个企业在环境之中的存在。

闭合：战略制导系统

战略制导系统

· 034 ·

第一部分　存在

做完内、外部环境分析之后，企业将进入战略管理的第四个步骤，即战略制订。传统方式基于匹配完成，将所有因素都考虑到位之后，企业找到一个最恰当、最优选的方案。

在现代环境中，作为战略决策者，这种基于某种设定目标的战略匹配无法顾及所有需要考虑的要素，最后找到"最优决策"也绝非真正的最佳方案。对于战略匹配的内容，在我们讲到定位时，还会详细解析，在这里我们只讲一个战略决策的新思路，即战略制导系统。

制导系统是一个可以不断修正的闭合适应系统。如果将著名控制论专家维纳提出的"反馈"加入企业战略过程中，那么，战略从一个简单的线性有限维度的系统，一下就变为复杂的、无限维度的系统。在这样的前提下，我们不可能简单地建立一个模型，就能描述导弹是如何击中目标的。

我们都学过抛物线，炮击就是根据抛物线原理确定敌方的位置，从而实现精准打击。引用军事上的炮击旨在阐明传统企业战略只要有了精确定位，就能顺利准确地实现目标。但通过这种方式实现战略目标的前提在于，目标是静止的。假如这个目标在不断移动，这时就要将大炮进行不断调整和修正，所以制导导弹也就应运而生了。用制导导弹来形容现在的战略非常形象，不管目标在上一秒如何变动，它都能在下一秒重新准确定位，调整无时无刻不在进行。

战略闭合：释放从当下穿透到未来的小趋势

　　传统管理喜欢在一个目标清楚的线性结构中运转。其产生的原理在于，工业时代解决了机器与能源的问题，只要根据事先制订好的路线行进，不出现偏差，目标就能实现。现在信息社会中，企业往往面对的是偏差，意外变成常态，有了偏差才能不断创造出一些意想不到的发现。

　　同理，战略需要目标和方向，过程却非常复杂，难以把握。这时就需要我们不断做出调整与修正，以往金字塔式的最高层级的决策方式需要不断地让位于底层前端的灵活与快速决策。

　　华为的不断创造与尝试，就是一种活力不断释放的过程。效率当然可以达到目标，但是瓶颈出现，按照原本的路线再无法突破的时候，如果有一种力量可以使企业活跃、自由甚至是"混乱"，往往就能产生新的能量和突破。

　　这是现代企业战略与传统企业战略所体现的最大不同，在这个过程中传统的战略定位、目标、环境分析依旧需要，只是实现过程复杂化了。

　　中国移动所有的地市级公司均没有营销、财务、人事等的具体管理权，权利全部归属于省级公司，地级市公司只要负责执行上面下达的任务就可以了，中国移动认为这样能提升管理效率。

　　但从现代战略角度来看，这样的战略对移动公司来说，会失掉来自末端的活跃，这个最接近客户和市场的末端无法去挖掘最新的观点与创造力。

比如，移动、联通、电信这类企业，其最大的价值来源于它的网络末梢，即它所接触到的每一个终端消费者。移动公司却将这部分能深度挖掘的价值去掉，实则损失惨重。它们现在看到的仅仅是一个有效率的"傻终端"，其价值不大，无法第一时间掌握客户的需求，很难适应环境所带来的变化。

所以，企业所需要制订和规划的战略系统可以称之为环境中的存在性闭合系统，这个系统的计算不再是简单的线性计算，而是一种多点参与的"云计算"。

第二部分　价值

　　价值的本质是关系，它与情感和体验有关，具有强大的弹性闭合空间。

——题记

　　价值是所有商业领域都绕不开的话题。在我的工作生涯中，接触过很多企业，大量从事技术性工作的人员所理解的商业，其实与我们所理解的商业有很大的区别。他们所认为的商业，就是挣钱的过程。挣钱这个目的可以通过制造工艺等物理性过程得以实现。但是除了制造工艺等技术类工作，还需要我们去解决的是，将技术行为最终落脚在所有普通大众，让普通大众获得效用，实现价值。

　　价值是商业最应专注的一个出发点，它是商业的实质。从创造产品的想法涌现，到最终立足市场，真正成为一种主流价值形态，有很长的一段路需要走，绝非简单的工业产品设计。

第四章
挖掘潜在价值

商业的难点在于我们可以清晰地看到一种习惯和形态的形成，却无法直观地看见潜在的那一面。一个物种之所以能出现，必然经历了复杂的自然选择和淘汰的过程。达尔文在一百多年前留下的这套理论和思路，运用到现代商业仍然适用。我们应该去关注潜在过程，尤其是在显性层面无法汲取到更多营养价值的时候。

有个学生写过这样一篇论文，风筝是通过一根线不断收放，才能慢慢飞向天空。我们往往只会关注风筝在天空翱翔的风景，却不去在意这根线究竟收放了多少次才能呈现出这幅美丽的天空之图。原来的管理理念总是忽略这个过程，在信息时代，一定要将其重拾起来放入现代管理体系中。

做管理并不是按部就班、一帆风顺的，更多潜在价值是需要经过不断互动、在不断挫折中一步一步积累起来的。一旦条件成熟，这些积累便可发挥出最大效用。

第二部分　价值

风筝

战略闭合：释放从当下穿透到未来的小趋势

"速递易"的窘境

三泰电子的"速递易"智能柜

三泰电子的创建，源于银行开通的一个窗口，这个窗口起初是银行为企业开通的，方便企业领取相关票据。三泰电子创始人发现这个商机之后，量身设计了银行回单柜，只要办事人员将相关票据放入回单柜中，企业自行领取即可。银行不需要再开设一个专项窗口，这样银行既不用浪费人力物力，企业也不需排队等候，一举两得。

第二部分 价值

三泰电子通过与银行合作，打开了市场，并与银行合作持续发展了业务。但三泰电子投资的"速递易"的历程就困难重重了。

"速递易"的产生，源于"双十一"的疯狂购物。"速递易"的创始人发现在"双十一"之后，各个小区的公共区域，或者是物业管理处，都杂乱无章地堆满了各式各样的包裹。联想到以前给银行做的回单柜，创始人脑洞大开，是否可以给每个小区都提供这样一个可以专门用来储存包裹的智能柜呢？"速递易"在2012年应运而生，这是全国最早解决快递包裹"最后一百米"智能柜的商业模式。技术上很快就得以实现，但随后发现了一个重要的问题无法解决，那就是如何实现收益，又该向谁收取这个费用？

"速递易"当时讨论了三个方案。一是向小区物业收取费用。物业说"你们搞反了，你们将箱子放在我们的公共区域，应该是我们向你们收费才对？"二是向取快递的人收费。但消费者都不愿意给这个钱，无法实现。一个稍微折中的办法，即收取超过24小时未取出包裹的寄存费。这个说法是被认可的，问题在于这部分收费毕竟太少，不能解决问题。三是向快递小哥收费。一个快递小哥，一天最多可以送出200个包裹，使用"速递易"的箱子，一天则能轻松送出300多个包裹。智能柜让快递小哥提高了效率和收入，向其收取部分费用理所应当。但实际情况呢？快递小哥对收费非常敏感，哪怕自己麻烦一点，多付出一些劳动，也不愿意支付费用。

战略闭合：释放从当下穿透到未来的小趋势

为什么"速递易"这样一个有价值的、可满足实际需求的创新模式，却在实际中难以推行？我们来仔细分析问题的症结所在。

三泰电子将银行回单柜的成功原型简单移植到"速递易"身上，忽视了场景的差异性。银行回单柜有固定大客户——银行，即银行进行买单；但"速递易"智能柜的场景在小区，没有这样的大客户，没有现成的收费方式，与回单柜的场景有着本质性的差异。两种模式的产品功能和技术原理很相近，差异就体现在场景上。简单移植，仅仅停留在产品和服务上面，商业闭合难以持续，必然也就不会支撑一个新模式的做活与确立。

"速递易"对我们传统企业的转型具有典型的参考意义，也具有非常好的借鉴意义。

三泰电子在"速递易"产生之初，应该说机会空间是很大的，瞄准了快递行业的"痛点"——连接用户最后100米。他们在全国范围内是最先想到，也是最早做快递智能柜的，但停留在企业原有价值空间的商业策划是失败的。目前，快递行业智能柜的收件方式也只是一个边缘角色。

"速递易"究竟应该向谁收费？在我的课堂上，学生们有很多讨论。

有人认为，应该找收取快递的消费者收费，理由是"速递易"

的确为其带来了便利，理所应当由他们支付这个费用；也有人提出反对意见，认为消费者并不是一定需要智能柜，放在物管处会比较方便，还不用支付任何费用，应该向物流公司收费。另外，也有人提出，目前已经有几家物流公司联合起来，创造出相同模式的"丰巢"智能柜，他们认为应该与快递公司开展合作。但是既然已经有了"丰巢"，合作是否还会有空间呢？还有人追溯到源头，认为应该由电商卖家来支付。

如果你是"速递易"的战略决策者，该如何去思考这个问题？

有学生提出，可以在电子商务销售中，增加是否需要"速递易"智能柜的选项。如果需要，就表示消费者愿意支付这个储物柜的费用，那么相对应的包裹就可以放入"速递易"的柜子。也有学生提出，可以将"速递易"智能柜业务拓展到办公区，相较于住宅小区，放入办公区收取费用，更能得到上班族的理解和认可；还有学生认为，应该撬动与小区物业合作的窗口，将"速递易"智能柜的费用关联到物业管理费中，向小区业主来收取费用。同时，还有同学从合作的角度出发，认为"速递易"智能柜应该与电商平台展开战略合作，表面上，让消费者认为"速递易"智能柜是免费的升级服务，实际将其融入电商产品的价格中，最终转嫁到消费者那里，从电商商家手中抽取利润实现收益。其实，学生提出的诸多建议，企业或多或少都有过尝试，但问题始终未能得到有效突破。

战略闭合：释放从当下穿透到未来的小趋势

总结"速递易"智能柜在收费模式上的种种障碍，问题的根源在于在其商业价值空间没有变化，仍然停留在传统产品或服务所承载的空间。

战略可以从以下方面实现突破。

一是战略价值空间。战略决策的价值空间，不仅仅在传递产品本身，而是还有一个更高的价值空间——连接。

我们可以布局许多智能柜终端点，每一个点都是信息的终端，而这个终端能与每一个收件人发生连接和关联。每一个点都能成为一个物流的纽带，这并不是单纯地将物品传递到最终用户手中，它是一个信息交互过程。在这种情况下，战略价值空间能使更多人参与这个智能平台纽带，完成物件流动，及其信息与数据的交互，也吸引更多人来参与，特别是在运行过程中，让用户逐步养成习惯。

"速递易"如果能改变用户的习惯，那么对小区的业主来说，每天下班他们会习惯性地在储物箱周围徘徊。如此一来，收取用户部分费用就会变得容易。结合这个观点，"速递易"窘境的本质是无法培育消费者习惯"速递易"的模式。

让更多资本参与，可能是战略团队最应该关注的事情。同时，这种能招来资本注入的力量，并不是当下立竿见影的，而是引导投资者看到其未来发展的前景，愿意主动参与。

这就是新的价值空间，它不是显性商品，而是通过"速递易"纽带所承载的关联新空间。

二是如何去实现这个价值空间。很多未来商业存在实体并不是靠演绎设计，而是靠更多人参与，共同玩，自然有新空间涌现出来。"速递易"需要更多群体的参与，包括快递公司、小区物管、电商、投资者，甚至消费者。"速递易"如果将这群人都聚集起来，让他们看到并相信未来的景象——智能柜成为生活日常必须，大家就会活跃起来，不断吸引更多人参与进来。

战略能够让大家看到目标、看到方向，引导大家一起来参与，新价值空间将真的变为现实。将不确定的事情承载起来，有了活跃度，就可以留下一些东西。让更多角色参与进来，关键在于价值空间是否足够，对大众是否有吸引力。在规划战略的过程中，如果没有价值空间，就不可能拥有来自未来的力量。

这与传统的精确设定目标、沿着定好的方向准确前行有很大的差异。我们需要一个大致的方向，在这个过程中不断反馈，不断有云计算的活跃，才是真正意义上的存在性计算。闭门造车，不与环境交互，有许多道坎就无法逾越。

挑战传统价值观

"速递易"不是个案,许多传统企业转型也有过类似经历。企业发展了几十年,工业时代形成的理念根深蒂固。它们认为战略的关键就是执行,往往容易忽略的便是战略在不断发展演变过程中其反馈系统所释放的新空间。利用好这个空间,企业才能真正去捕获当今时代给予的力量,才能充分体验到其所带来的新价值。

总体而言,那种以流水线和规模化作为企业价值的传统观念,受到严峻挑战,传统模式再也抓不住现代意义的价值。

我们总是习惯地认为产品所承载的价值是企业传递和收获价值的全部,其实不然。我认识一家生产纸杯的企业,拿到了一个2万个纸杯的订单。这个订单的销售额只有2000元,此时,它的产品——纸杯不再是最重要的环节,纸杯出现在什么场合更为关键。比如大家聚在一起上课,同学们喝水的纸杯上面如果印上学校的LOGO,或某某老师的头像,这个纸杯的价值会更加突显,见证了师生在一起的时光。

第二部分 价值

2万个纸杯

如果我们还是仅仅从产品的视角出发去看问题，那么战略就又回到老路上了。

我曾前往处于转型中的四川九洲集团调研。这是一家大型高科技企业集团，主要从事二次雷达系统及设备、空管系统及设备科研与生产、数字电视设备、有线电视宽带综合业务信息网络等。四天的调查，我们最终得出一份非常简短的报告，它的核心就四个字：用户思维。九洲集团是一家以产品为核心的企业，为什么凝练出的是"用户思维"这四个字，而不是产品至上？

在调研期间，曾发生过一件让我印象非常深刻的事情。到企业的第一个晚上，我们住在九洲集团安排的酒店，该酒店配备的数字电视设备正是九洲集团自己研发、生产的机顶盒。我花了20分钟都没有把电视打开，完全搞不懂怎样操作。第二天，我把这个体验告诉九洲集团的人，他们感觉很诧异，"我们的产品很不错呀！"他们从设计的角度讲了设备的各种功能与便利。我终于明白，这正是九

· 049 ·

战略闭合：释放从当下穿透到未来的小趋势

洲集团的问题所在。九洲集团的数字电视设备通常是通过广电卖给消费者的，消费者的体验是不会直接反馈给企业的。企业不能直接接触到用户，用户的反馈渠道并不畅通，没有终端用户的及时反馈正是"产品思维"的弊端。

很多企业，尤其是生产型企业，关注的重点往往是产品能否顺利实现销售，忽视了产品销售之后终端用户会得到怎样的使用体验，更别说能搞清楚价值如何释放，发生了怎样的转变。

以前生产出产品，"一手交钱一手交货"，便能实现价值。我们更习惯从价值链和产品的角度去看待战略、看待价值。经济学家反复告诉我们，如果不将产品投放进市场，产品是无法体现任何价值的。相比于经济学，管理学更贴近商业前沿。但是，这样的价值视角已经远远隔离于价值最为活跃的地带。现在许多行业是先将客户粘住，使其无法脱离，这样就能不断地创造和实施价值。产品变成了纽带，其固化的价值属性重要地位也随之下降。

成都有一条著名的小吃街，里面有一家叫作"降龙爪爪"的店上过湖南卫视的《天天向上》节目，那里的顾客永远都在排队。我曾经仔细观察过，店里有两个人，一个人收钱，一个人打包鸡爪，他们会随时关注顾客的排队情况，一旦排队顾客数量减少，就会放慢收钱和打包的速度，让这个队伍一直这样排下去。

究其原因，长时间排队所营造出的门庭若市的感觉必然会给商家带来他们希望得到的人气。作为消费者,外出就餐时我们也不会认为吃饭排队是什么大事。商家创造的不仅仅是产品,更多的是一种场域营造和连接激活。如果单单从产品的视角去看现代商业,势必会有太多的局限。

我们需要换一个视角,这个视角应以价值为起点。我们所说的价值必须要放置在具体应用场景中才有意义。一位家财万贯的富豪被扔到大沙漠中,他所有的金银珠宝都变得一文不值。藏獒市场的崩溃,使当初身价不菲的藏獒变得无人问津。藏獒本身并没有什么变化,跟以前一样优秀、一样忠诚,但环境变了,它在我们心中的地位不再像之前那样贵重了,也可以说价值降低了。价值不再跟产品本身紧密绑定,而与人存在的场域或场景密切相关。

价值空间的延伸

在信息时代时常听到一个词——跨界。在互联网时代,边界变得模糊甚至消失。

2016年,马云宣布阿里巴巴整个平台的销售量已经超过了沃尔玛。但是,在世界500强企业的排名中,沃尔玛排名长期保持第一,

战略闭合：释放从当下穿透到未来的小趋势

阿里巴巴最近才进入。那马云的"超过"是指什么呢？是指所有在阿里巴巴平台的上千万的中小企业和几亿消费者完成的交易。平台的边界很模糊，阿里巴巴这个组织带领着一个更为庞大的外延"组织"。边界越来越模糊，企业和环境之间的融合度越来越高。

融入环境中，待经验足够成熟时，企业再发挥其外延的"能量"。每个人都是场域中的一分子，就像老师讲课一样，老师首先要将自己融入课堂的情境之中，才能运用自己的思维和表达来带动课堂这个场域，将大家的注意力转移到老师所表达的内容中去。主体性融入非常重要，失去这一环节，进入主题会变得非常突兀，场域力量难以释放。

美团网于2010年3月正式上线，创始人王兴对市场具有极强的洞察力。他双管齐下，针对商家和消费者两个端口进行了战略布局。首先，美团网坚持每天只上线一个商家，这样做的目的是把所有流量都引到此，让商家尝到甜头。其次，当时团购是一个新鲜事物，在大家都还没弄明白团购是什么的时候，王兴率先提出团购费用过期自动退款。这引来了竞争对手的攻击，但得到了消费者的支持，美团网立刻在激烈的竞争中脱颖而出，知名度陡然上升，成就了自己。

互联网打破了行业壁垒，各行各业的边界渐渐消失，来势汹汹的美团网又开始布局其他行业。2012年6月，美团网进军酒店旅游行业，接入酒店团购业务。这个市场早已被携程、艺龙、同程、"去

第二部分　价值

哪儿"瓜分完毕，美团网作为后来者，如何破局？王兴瞄准了中小城市、县城、农村市场，采用"农村包围城市"的战术强势进入。2015年10月，"去哪儿"被携程合并。2016年美团网再次进军高档酒店，直接向携程"下战书"。2018年，美团网成为酒店行业第一。

美团网做酒店业务的同时，也在做外卖业务。2013年，美团网上线了外卖服务，那个时候"饿了么"其实已经做了4年，作为后来者的美团网拿出10亿预算，建立地推铁军，平均每一天半就开拓一个新城市，发展迅猛。2018年，美团外卖超过"饿了么"，成为行业第一。

滴滴在出行行业占据半壁江山，美团网也盯上了这块大蛋糕。2017年，美团网先在南京上线打车业务。除了打车领域，美团网还做共享单车，2018年4月，美团网收购摩拜单车，再次成为业内翘楚。2019年5月，美团网又在17个城市上线"聚合打车"。什么叫聚合打车？就是美团网自己不做网约车，而是把曹操、神州、AA等网约车聚合起来，成为一个网约车平台，用户可以直接通过美团App约车。

如今的美团网涵盖了旅游门票、外卖跑腿、超市生鲜，甚至无人汽车，简直是无处不在。美团网之所以取得成功，得益于拥抱不确定性。而现在，美团网的无边界扩张，才刚刚开始。

行业的壁垒已经开始崩溃。

第五章
新价值突维

　　价值实现的过程可划分为三部分，即价值需要创造出来、释放出来、传递出去。传统管理告诉我们，企业没有必要全程参与，只需要做出优秀的产品，市场就会认可，消费者便会买单，进而获得较好的效益与利润。现代的价值，已经远远地超越了这个法则。通过企业管理与融合，将价值的元素凝结到企业这个活体中，形成一个有机体，使之循环并运转起来，只有这样的价值闭合过程才能催生更强大的价值力量。

　　相信大家都学过一篇课文叫作《种子的力量》，正是因为种子是一个循环闭合体，小小身躯才会释放出那么大的力量。它不断地吸收外部的阳光、土壤养分和水，成长的力量不可阻挡。现在的企业转型，并不是一味地追求如何做大，相反培育新的价值闭合基因才是关键。

第二部分　价值

价值变了

曾有一位非常用心的 MBA 的学生，写了一篇关于战略的论文。她按照战略管理教科书的方式完成了一个企业的战略研究，主要的战略工具都用上了，PEST 分析、五力模型、SWOT 等，分析得非常细致。答辩时，我非常严肃地告诫她："千万不要把你的战略套用到这家企业去。"学生疑惑地反问道："杜老师，既然这套分析过程不能用，那您为什么要传授给我们呢？"

战略课程的精髓，不是学会机械性地制订战略，而是理解战略的思维方式，到实践这一广阔的空间中去创造性地应用。

变化与不确定性已成为常态，内部与外部环境不是固定的"画面"，它们之间没有清晰的界限，不断在交互。各种环境要素之间的关系是变化的，你的现在和未来不再是固定的线性关系。你的目标与当下呈现出一种更为复杂的交互关系。如何将企业带向未来，这是所有战略研究者需要重新思考的问题。

在前面我已经讲过，传统制订战略的方式就是做最优规划，企业只要达到目标及完成战略任务即可。但是，这一套现在已经过时了。在不确定的环境下，企业在制订战略过程中最复杂的部分无疑是战略的预见性，这是战略无法绕开的一个阶段。如果企业制订战略不做预判的话，这个战略是没有任何意义的。

再谈战略的空间，过去的观点认为，战略的空间就在企业本身，在工业时代就是要将企业的产品做到极致。企业管理者只用关心如何最大化降本增效，基本不用考虑环境变化。然而，这个由生产周期、效率与创造价值构成正相关的关系在互联网时代已然失效。

在风云变幻的环境下，传统企业开始怀疑这个基本前提，因为价值空间已不再是仅由产品来承载的固化模式。以前一个产品依靠其属性来承载价值，这些属性基本上是固化的，与价值的关联与绑定也能固化。如今，这种相对稳定的固化关联已经全被价值的不稳定性与环境的不确定性打破了。

例如，艺术品的价值究竟是多少？我们将其看作一个商品吗？我们很难从它的成本或生产效率上去考量其价值。艺术价值的关键在于别人对它的评价，在于人与人之间的某种交互。有这样一个故事：一位艺术家的一幅画作，有人出价10万元购买，他坚持不卖。后来，他和朋友一起小酌，喝到兴起时，这位艺术家将这幅画作免费赠予朋友，还即兴题词。此时，这幅画的艺术价值不再是简单的商品属性，甚至难以界定和把控。也就是说，产品在新的场景中，人们对其价值就会有新的认识。

第二部分 价值

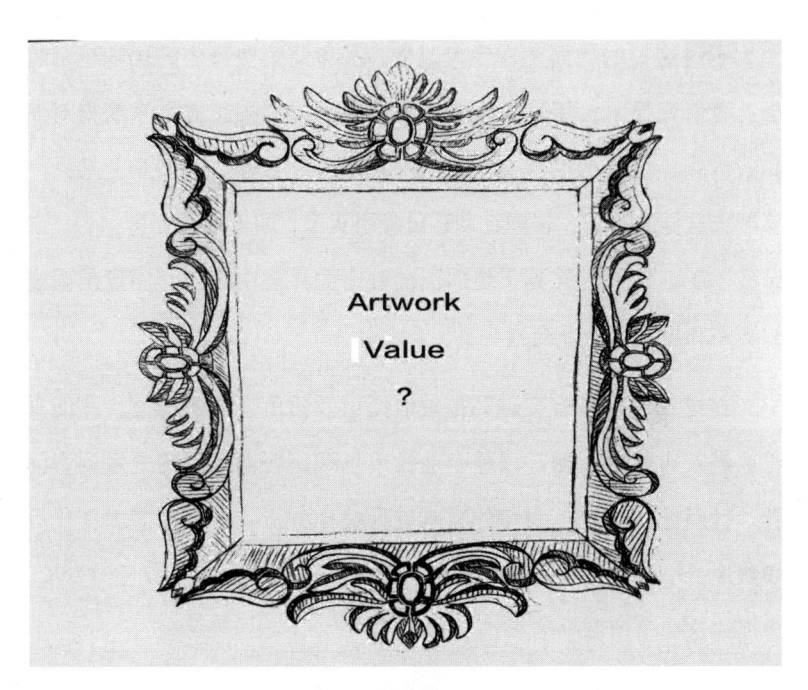

艺术家与画

这种定义商品价值的方式已经不只存在于艺术作品中,而是成为一种新生活的常态。现在大多数人会通过网络获取信息,并选择商品,这就导致价格的界定越来越模糊。美国人创造出品牌来承载体验的价值,但是如今品牌这个"容器"也无法对接新的变化。

以前大家选购商品时更相信品牌。在日化产品行业有两个非常有名的品牌,一个是宝洁,另一个则是联合利华。十几年前,我们平时使用的洗护用品基本来自这两大品牌。

不过这样的局面正在慢慢改变，品牌对消费行为的影响越来越小。有研究显示，年轻的消费者更愿意通过"第三方"来获得对商品的信赖，也更相信社交空间所涌现的喜好推荐。许多企业选择网易严选这样的方式，靠网红和评价吸引买家，而不再是品牌这台"老设备"了。价值转移到了更广泛的社会关系之中，还沿用以前固定的套路和思维，企业会迷失的。

在游戏中，只有突破和拓展时间以及价值空间的维度，才能真正去触及时代的脉搏。以前企业做市场调研普遍采用的是发调查问卷，针对比较稳定、固化的需求进行抽样分析。但现在需求变化更加快速，有可能刚拟定好调查方案，还未开始调研，市场就已经变了，想抓住这个价值就会变得难上加难。

苹果"教父"乔布斯创造了粉丝经济来解决这道难题。所谓粉丝经济，是指架构在粉丝和被关注者关系之上的经营性创收行为，通俗讲就是名人或其团队"利用"粉丝赚钱。之前，人们对电子产品的关注仅停留在产品上，科技公司在消费者眼中也不过是一个冰冷的名字。乔布斯却脱颖而出，他使"苹果"变得鲜活生动，拥有了众多"苹果粉"。"苹果粉"对"苹果"的追求可谓疯狂，每到新品发布，很多人都彻夜排队只为第一时间买到新品。粉丝群体对产品更加忠诚，产品的价值会持续更长的时间。

第二部分　价值

但粉丝经济依旧是不可持续的，粉丝经济一旦形成就会逐渐固化，慢慢失去新鲜和活力，粉丝们的热情也会渐渐熄灭。粉丝经济多是昙花一现的，利用粉丝经济也无法再让人持续地关注一个产品，持续地束缚住这变化的价值。企业究竟该怎样做才能驾驭这种"瞬息万变"呢？

一到节假日，大家都喜欢去旅游，但很多旅游回来的人，对这个过程并不是特别享受，甚至是备受煎熬。一位EMBA专业的学生通过微信朋友圈发布她在欧洲旅游的照片，阳光、海岸、沙滩，还有美食……太让人羡慕了。有一天，我见到她，便迫不及待地聊及那情那景。她却大倒苦水，旅途中吃不好，也睡不好。

"那你为什么拍那么好的照片？"

"其实，你们觉得我在欧洲玩得非常开心，我自己也就觉得很开心。这或许是一种补偿吧。哈——哈——"

我们为什么享受这样的"感觉"？它是有价值的，只是它没有被禁锢在产品中，它那么清晰地跳跃于你我之间。

战略闭合：释放从当下穿透到未来的小趋势

如何突维

谈到价值，巴菲特最有发言权。巴菲特在讲他是如何在资本市场积累到如此多的财富时，曾提过价值投资。

巴菲特的投资思路是先选择优秀的企业，再观察企业的业绩，然后进行长期投资。这套理论可以简单地理解为，在资本市场买进被低估的，卖出被高估的，稳赚不赔。看起来很简单，但操作起来很难：我们根本无法判断究竟哪些被低估了，哪些被高估了。

但巴菲特可以轻易实现价值投资。因为如果巴菲特说某一只股票被低估了，不仅他自己相信，很多人也会相信。拥有这种影响力的人投资不赚钱是很困难的。所以，价值根本就不是绝对的、客观的，它是相对的，它和你是谁有关系，你对周围的影响决定了价值的大小。

巴菲特能让别人相信，这种力量来自一个场域中广泛的关联，它是一种潜在的、隐性的，使得静态价值空间得以突破，有可以影响到价值本身的力量。

现在年轻人在讨论："我们是否应该在北上广深工作和生活？"

第二部分　价值

传统观点会认为，上海房价过高，即使我们非常努力工作，获取再高的薪酬，也无法在上海买房。许多年轻人的看法却不同。他们认为，这种想法的维度不够，他们从来不会将自己的工资收入去匹配上海的房价与物价，房价太高可以考虑租房。工资对应的是居住而不是买房，租房也能实现居住的需求。换句话说，现在许多年轻人的观念是租房满足的是居住需求，而买房满足的则是投资需求。

转换到这个角度来看，现在我国房价的泡沫是投资理念支撑的，动态的资本理念与静态的资产理念是完全不同的。借用数学的概念来解释这里的资本与资产的区别，大致可以描述为，资本犹如函数，是动态的，而资产则是"数"，是静态的。著名经济学家张维迎提到，是资本雇佣劳动力而不是劳动力雇佣资本。高维度更能主导低维度。

要突破价值的维度，其实是非常困难的。人们往往希望抹掉资产与资本在价值维度上的本质差别，简单地把二者看作是可以对价的。

实际上，资本和资产是不能对价的。我希望大家不要把思维停留在资产的范畴，而要意识到资本的流动性。资本既要承担风险，也要发现价值。资本的流动性能带动价值，形成新的价值空间。比如我们拥有一套住房，从资本的角度出发，我们基本不会关注房子价格本身，而关注资金的投入是否能够带动房地产行业，使我们的资产增值，并从中获利。

⚑ 战略闭合：释放从当下穿透到未来的小趋势

　　为什么非要强调资本与资产的关系？原因就在于资产的概念是从一个比较低的维度出发，难以支撑企业本身的存在与发展。而战略应该不断释放出企业的活力，从而影响周围环境。要实现这一目标的前提是必须从资本维度出发。因为资本的更高维度使其成为经济的组织者，不断驱动人产生欲望，不断驱动经济的发展。

　　一直以来，主导全球市场的经济理论反复强调，人人都是"理性行为的主体"，资本规律才会存在。如果经济学对人的理性假设放松，互联网中的人是信息的节点，每一个个体都能自我主导、自我释放，那么，个体也会上升到更高的资本维度。

穷爸爸与富爸爸

第二部分 价值

《穷爸爸与富爸爸》是作者罗伯特·清崎根据自己的亲身经历所写的理财书。清崎出生在夏威夷，他的亲生父亲是一个高学历的教育官员，一开始，清崎遵从"穷爸爸"为他设计的人生道路，按部就班地生活。直到1977年，清崎目睹一生辛劳的"穷爸爸"失了业；而他好朋友的"富爸爸"——一个高中没毕业却善于投资理财的企业家已经成了有钱人。这让清崎重新思考了自己的人生，他毅然决定追寻"富爸爸"的脚步——经商，从此走上了致富之路。两位爸爸出现贫富差距是因为他们的思维空间不同。同样一分钱，"穷爸爸"会告诉他的孩子存起来，这样就新增了一分钱的财富，而"富爸爸"则会告诉他的孩子，应该赶紧投资出去，让这一分钱帮你赚取更多的钱。利用前面我提到的资本和资产的关系，我们不难发现，"穷爸爸"还停留在资产的层面，希望实现资产的积累与叠加，"富爸爸"则具有资本的思维，他告诉大家财富应该变为一个动态的物质，不断变化从而帮你挣钱。就好比大家发现，将钱存在银行的利息跟不上通货膨胀的速度，从而转向投资。做企业战略需要将企业做成一种资本、一种活体。如果将企业做成一种资产的形态，势必会让企业举步维艰。

有一个从事养老事业的企业，企业的创业者比较实干，他希望今后能够通过模式复制，多开几家连锁养老院。传统的战略管理者都倾向于将初期的养老院作为一种样板工程，基于此形成一套完整的养老服务标准与体系。近几年，大部分人都预见到养老企业在我国比较稀缺，随着人口老龄化程度加深，养老行业有较好的前景。但对于养老行业，我要强调资产做轻的含义，资产做轻是指企业投入资本较低、资本收益较高的运营模式，其核心理念是用最少的资金（或者最轻的资产）去撬动最大的资源，赚取最多的利润。在轻资产模式下，将重资产和非核心业务转让或外包出去，利用企业的经验、规范的流程管理、治理制度、与各方面的关系、资源获取和整合能力、企业的品牌、人力资源、企业文化等进行运营，依靠输出品牌、输出管理进行扩张。轻资产模式和重资产模式是相对概念。与自有资本经营相比，轻资产模式可以获得更强的盈利能力、更快的扩张速度与更持续的增长力。企业规模不怕小，只要将其"做活"就可以深耕，从而影响企业所在的领域和行业，甚至成为行业标杆。否则，提供养老服务的企业越来越多，企业没有属于自身难以复制的活力，很快就会被其他企业代替，最终淹没在行业中。在现代商业中，只有活体才能不断释放出价值新空间。

在这里有很多商业操作可以扩展价值空间。其中一种比较简单的模式叫作横向拓展。什么是横向拓展？一个普通的土碗，到了古玩市场，其价值就会快速提升。其实土碗本身并没有发生改变，发生改变的是有古玩市场这个环境，土碗被赋予了一种认可，人们相信这个土碗是稀缺的，并且是具有文化价值的，这便是价值空间的横向扩展。正好解释了现在社会为什么需要涌现出市场和平台，甚至涌现出网红，为的就是需要有人来认可其价值。

有一道数学题：3、3、7、7四个数如何通过加减乘除运算得到24？如果你的脑子里只有整数，只是在整数空间中运算，无论你怎么组合、怎么加减乘除都无法得到24。但是，如果突破整数这个范围进入分数，(3+3/7)×7便能得到24这个结果。映射到商业环境中，不断突破的价值空间一定会给企业带来意想不到的结果。

在这个过程中，如果一件产品的价值只运用"生产或扩大再生产"来操作，很多时候它就无法说清楚一些常见的价值。比如，一件普通的T-shirt，成本十几块钱，但在上面画了一个"钩"（标上耐克的标志）之后，这件T-shirt的价格就变为了几百元。显然，单单的生产无法用来解释这个价格是如何形成的，继而也无法说清楚更大的品牌价值空间。

喜欢打篮球的朋友一般都穿耐克的篮球鞋，似乎只要穿上这双鞋，投篮的时候都感觉自己要"飞"起来。这种感觉是怎么形成的？这是一种品牌的力量，你一定看了太多NBA球星的极致性动作，你同时也看到了耐克公司的商标。再回过头看这个"钩"，并不是说简单地画个"钩"就能够产生品牌的力量，关键在于，我们使产品贯穿到产品使用体验的情境中去，让大家在使用产品的过程中，亲自感受和体验。体验的价值空间与维度就这样涌现出来。

战略闭合：释放从当下穿透到未来的小趋势

长板弯曲

长板弯曲

众所周知，马云是一位成功的企业家。马云最厉害的地方不在于管理，更不是技术，而是他往往能让人相信这件事情在未来的某个时间节点是会发生和实现的。他现在充当的是为大家指引未来方向的角色。当大家纷纷准备投向电商怀抱的时候，马云却说"去电商"，并提出"新零售"的概念，无形中引领大家共同把他所期望和设定的东西变为现实。

盒马鲜生是阿里巴巴在马云提出"新零售"概念之后打响的第一枪。盒马鲜生采用线下门店和线上 App 相结合的方式,集超市、餐厅、电商、外卖等功能于一身,线上线下同款同价,相互促进,实现了全渠道融通,有效地抓住了用户的消费痛点,获得了较大成功,打造了一个新的消费趋势。

我看过马云二十年前演说的视频,讲话的方式与激情跟现在的差异并不大,以前很多人把他当"疯子",但现在我们更容易相信他说的都是真的,都会变成现实。战略可以"弯曲"时间的箭头,把一种相信未来的力量投影到了现在,借助这种"相信的力量",使期望变成了现实。

所以谈到战略规划,提及我们应该怎样去设计未来几年的方向,依靠的并不是严密的逻辑、完备的数据进行理性推演,我们需要的是去影响别人,让更多人相信,只有这样才能影响未来。这是更高维度的时空"弯曲"。

如何实现战略价值空间的突破?一个生产水杯的企业要做战略,不能仅仅去诠释杯子本身的特性、功能、目标人群等,更需要把水杯本身作为一个纽带、一种连接,实现人与人、人与场景之间的互动,将从生产到销售的过程包装起来,感染参与者,这样才能产生一种汇聚力。

战略闭合：释放从当下穿透到未来的小趋势

战略价值空间的突破是战略预见性的基础。如果无法实现这个突破，就很难发挥战略应有的作用。我与一位经济学教授讨论价格，这位教授反复强调，现在应该重新认识价格，价格不再是所接受的一种外生变量。传统商业理念可能反映的是在市场价格框定下的一种遵从。但从战略视角看，商品价值可以是人为设定或操纵的，有的甚至是诠释出来的，企业要有意识地去主宰和影响消费者，"需求是企业创造出来的"。

以前战略多会研究垄断企业，现在讲得更多的则是众多新兴中小企业。不管企业规模如何，只要在做战略时，挖掘得足够深入，就算是小企业的战略决策，同样也能起到影响环境的作用。我们讲的"最小价值活体"效应，活体被放到环境中，与环境充分交互，小却能释放"小趋势"。

一个基本理念的转变，不再是短板效应，而是长板效应。这里是指长板犹如龙卷风的风眼，快速旋转的风墙能够把周围带有能量的气体分子卷入，能量不断积累，威力越来越大。因此，企业要从自身最独特的一面做到足够深入，将周围的东西吸附进来。

这是全新的价值逻辑。

第二部分 价值

转移到交互

美国之所以能在很长一段时间内大搞世界霸权，这与美元成为世界货币是分不开的。谁占据货币流动的主导权，谁就可以控制全球金融市场。金融可以跨越时空，把"未来"贴现，也可以把未来的预期资本化。一个企业所存在的价值空间，大多还停留在一个较低的维度中，无法真正地给企业的存在一个准确的解释，也更加无法将企业带向未来。

本书希望大家可以有这样的商业逻辑，让一个存在得到广泛的认可和潜在力量的聚集，推动企业持续存在，在竞争中企业得到大家的认可，最后通向未来。但基础是企业需要突破现有的价值空间。就像我们学习、了解互联网大数据，绝不是看其技术，而是了解互联网大数据出现的新原型所释放的云端，带来新的价值空间的突破，思考新的价值空间，然后使用存在性计算的形式，反复尝试突破，最终实现目的。

作为市场中的商业者，企业应该在哪一个环节去发挥自己的长处，来体现自身的价值？抛开技术层面，在管理运营中，企业如果不创造出一种可以释放的价值空间，仅仅停在优化的环节，那么这

战略闭合：释放从当下穿透到未来的小趋势

家企业无法走得长远。当实现思维突破后，再回头看管理各个板块的课程，不难发现，倘若去掉了"效率"二字，留下的东西少得可怜。这个时代已经不是单纯看效率的时代，也不是在确定性中不断优化效率的时代。思维的突破以及价值空间的突围就变得非常重要。互联网呈现出多维度结构，这是因为这个时代所承载的价值，不再有明显的商品属性，更多来自连接与交互。

希望大家今后理解价值的时候，能从产品的角度逐步转移到连接交互的角度。战略的基本范式和基本步骤共同为大家构建一个战略的基本认知框架。带领大家认知框架的目的，并不是希望大家能够记忆，而是希望大家举一反三，观察现象。

前面已经给大家引入了两个关键点，一是基于企业的存在，将其置于环境之中，努力维系这个存在并把它从当下带向未来，这也是战略管理的本质使命；二是围绕价值这个关键词，将企业当作一个价值主体，做企业就是要尽力去实现其价值的循环，实现企业在环境中的平衡，对价值的认知不断突破，突破其固有的维度，用最新的价值视角去看战略。

现代战略关注的已不再是静态稳定的价值区域，而是一个动态流动甚至是更高阶和维度的价值。我们处于一个转型变化的时代背景，环境在不断变化，企业战略面临的挑战就是，需要将价值从原本的空间维度转移到更适合于现阶段与环境契合度更高的空间维度。

第三部分　转型

转型就是顺应价值闭合空间转移的小趋势。

——题记

正是因为传统的价值空间已经无法继续承载企业的持续发展，所以第三个关键词——转型，才会变得尤为必要和重要。

大家每天在各自的企业中循规蹈矩地工作，可能不会感受到转型的必要性和普遍性。但是作为企业研究者，我时常会接触到不同的企业管理者，通过他们的反馈，我得知现阶段战略管理最麻烦的是需要不断变化。原有的一套战略体系理性而完整，但是在使用过程中，无法完全适应外部环境的变化，需要不断调整，企业要逐渐建立一套属于自己的新战略范式，转型也就应运而生，成为这个时代的主题。

值得一提的是，转型不仅是停留在战略的范围，整个管理过程都面临转型。

第六章
原型思维

互联网时代谈战略转型，需要将范式有创造性地应用于管理实践，同时要把握时代背景和发展趋势。企业要知道时代是如何变化的，又将去往哪个方向。转型时，企业要用战略的视角去思考背后的原型。

什么是原型？即原来的模型或类型。所以要想快速抓住现象背后的本质规律，就要了解当下传统企业的原型。显然，传统企业产生的背景是，在工业时代，伴随工业革命一步一步地发展起来，它所适应的依然是工业化节奏。

信息存在的本质，就是两点之间一定发生关联与交互。这与工业时代以物质看世界的观点相比，发生了本质上的变化。这个时候，一种新的生产要素出现了，那就是数据。

数据带有人的痕迹、人的气息，数据驱动新商业原型的显现。

第三部分　转型

工业时代原型

众所周知，工业革命带来了机器与能源，同时也给社会的组织形态带来巨大变化，即社会化的大分工，将劳动力配置到工业生产的大机器中去。在工业时代，企业背后的原型，就是不管企业如何进行管理分工，最终结果都需要将原材料投入机器中得到产品。这样的生产管理过程催生出流水线、规模化以及效率的概念。

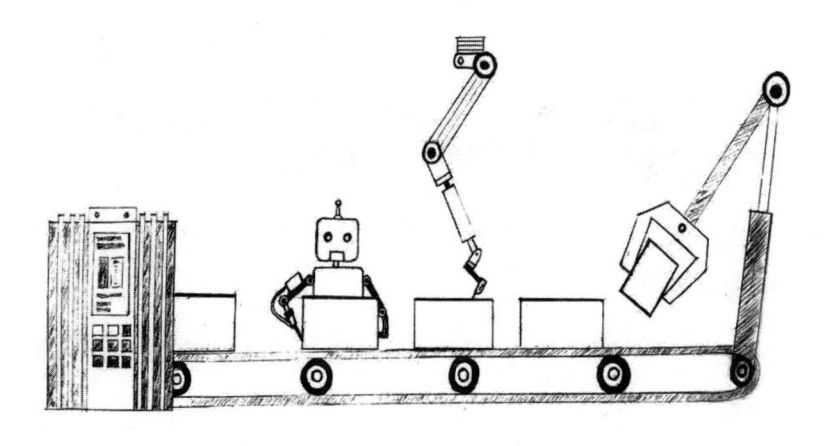

流水线

战略闭合：释放从当下穿透到未来的小趋势

传统企业的商业模式基本都在流水线的范畴之中。比如我们要开一个服装店，按照这样的思维与模式，就要扩大规模，拓展连锁店；又比如研发出一个新的产品，同样可以把它放置在生产线上，变为规模化的大量同质产品再投入市场。这样的生产管理过程之所以可以释放出价值，原因在于工业时代带来的能源可以转换为电，而电可以驱动机器，只要机器开动便可以循环往复地进行下去。企业也可以被视作一台机器，只要启动它便能自动运行，一旦开始运行，它会不停地生产，输出产品，获取利润。这是工业时代背景下传统企业运转的原型。

不难发现，工业时代基本价值的承载方式就是产品和服务。企业的出发点是将价值灌入产品中去，经过价值链一步一步实现批量化生产，并投入市场，最后由市场完成价值交换，实现利润。但是，随着信息革命的到来，这种传统模式受到冲击。

我们以人类的经济形态演变来解释这种趋势，可以简单地把演变过程归纳为三个时代。

一是农业时代。其要素为自然资源与劳动力，所有生产都靠自给自足完成。

二是工业时代。它与农业时代最大的区别在于，在生产要素投入中解决了动力的问题，不但需要人的体力劳动，更需要机器来实现规模化生产。能源的利用有效地解决了生产的动力问题。社会分

第三部分 转型

工逐步细化，资本成为社会生产与循环的组织者。资本投资让大机器转动起来，要素被配置到企业，企业成为价值创造活体。作为组织者的资本承担风险、调动资源，资本雇佣劳动力，而非劳动力雇佣资本。社会逐渐形成一种围绕市场循环的经济形态。

三是从20世纪下叶开始，我们迎来的信息时代。信息经济出现了新要素，其原型也发生了变化。比如成都东郊，早期大量厂房的聚集地，在工业时代是成都发展最为迅速、房屋楼层最高的地方。现在成都东郊的工业繁荣已成为人们的"记忆"，社会化大机器主导的时代过去了。信息时代开启了新的原型。

信息时代原型

通用电气公司（GE）是由老摩根在1892年出资把爱迪生通用电气公司、汤姆逊－豪斯登国际电气公司等三家公司合并组成的。在两次世界大战中，这家公司大发战争财，获得了迅速发展。通用电气公司由多个多元化的基本业务集团组成，如果单独排名，有13个业务集团可名列《财富》500强。多元化的发展使通用电气公司发展为世界上最大的多元化服务型跨国公司。

战略闭合：释放从当下穿透到未来的小趋势

从工业时代过渡到信息时代初期，通用电气公司在金融板块的拓展助推下业绩大增。它从事金融服务的基础却来自其得天独厚的数字资源，全世界所有使用其发动机的飞机无时无刻都在向公司传送数据。通过这些数据，通用电气公司对全球航空市场的运行状况了如指掌，其主要瞄准的航空金融服务业务也做得顺风顺水。

在信息时代，大数据变成一种价值的纽带，每个企业都无法逃脱这个关联，而且联系得会越来越紧密。

从本质上讲，如果世界存在基本元素，我们可以认为它就是信息。如果人类的世界观从信息的角度出发，那么，世界又会是怎样的一番景象？

信息观强调关联的存在。量子力学从根本上改变人类对物质结构及其相互作用的理解，它并不是一种还原论的存在，而是一种状态和分布，一种相互作用的量子间的纠缠。

我们习惯于向客观世界看齐、向物质看齐。现在试着反过来，如果我们和世界一起向存在的状态空间看齐，那又会怎样？在信息时代，许多价值不再束缚于基本的物，而是存留于人与人之间的关联中，点与点之间的交互中。

这个时候，一种新的生产要素出现了，那就是信息留下的痕迹，我们称之为大数据。在网络之中生存，每个人都会产生和留下数据，比如手机会告诉我们每天走了多少步。这些数据是由我们产生的，我们知道了，给我们带来了便利和惊喜。当然，生产手机的企业也一定知道。

很多人选择在淘宝网购物。当我们打开淘宝网的时候，它会给我们推荐很多我们想要的商品，非常方便，越来越智能。淘宝可能比我们还清楚我们在什么时候需要什么商品，因为我们以往购物留下了大量的数据痕迹，电商平台通过分析大数据可以轻易地掌握我们的喜好。

这是信息时代给我们带来的变化。互联网形成了一张大网，我们变成了这张网的信息节点。所有信息穿梭于这张网中，一种新的信息时代原型展现在我们面前。这意味着，时代的中心不再是原材料汇集的大机器了，而是数据节点汇聚的一片"云"。这个云端清晰透明，没有任何隐藏和阻碍。想知道什么信息，随时可以快速获取。

我们都在这张网中，在这片云下，你已深深地融入云网中，你产生的所有数据都升腾到云端。比如打车，以往我们需要站在路边等待空车，然后挥一下手，你就可以完成出行。现在，你先掏出手机，将所有信息（位置、目的地）上传至云端，云端快速完成匹配。你到达目的地下车，也不用掏钱了，通过云端可快速完成支付。

云、网、端已经成为信息时代的基础设施。我们的生活空间打开了，快捷和智能成为需求常态，我们也越来越习惯和依赖这套系统了。虽然衣、食、住、行需求本身没有变化，但是满足的方式每天都在发生变化，其背后价值空间与商业空间均已发生转移，这样的趋势难以阻挡。就连买个早餐，如果你选择现金支付的话，老板都会认为你耽误了他的时间，提醒你扫描二维码支付。

不要惧怕混沌

在互联网应用中，中国有幸成为全球最活跃的一个国家。就在5年前，如果有人告诉我中国会在人工智能、5G技术方面赶超美国，我是不会相信的。"三十年河东，三十年河西"，信息总是带给我们惊喜。这些之所以会在中国不断发生，是因为我们有最具活力的土壤，有新一代庞大的消费人群，大数据产生的速度越来越快。

"新四大发明"——高铁、支付宝、共享单车和网购，虽然对此提法有广泛争议，但这些清晰地表明我们在应用领域的创新释放。不管它们能否真正成为公认的重大发明，但至少它们以一种全新的形态涌现，广泛地影响着世界。

大多数传统企业转型依旧举步维艰，思维方式的桎梏根深蒂固。传统企业习惯于还原论的思维方式，必须清晰地把握目标的实现过程，难以容忍信息时代的混沌与复杂性。我们对已有的成功经验深信不疑，我们喜欢用已有的思考方式和手段来应对信息时代迎面而来的新生事物。

在转型过程中，伴随着传统企业的常常是忧虑、惶惑，甚至是恐慌。当然，大批"布道之士"不乏混迹其间，在"干货"与"秘诀"的诱惑下，传统企业家所产生的盲动危害是非常大的。在转型中，因为尝试过挫折，企业不自觉地又绕回原本固化的思维和结构中，再次回到原点从而陷入迷茫。

这其中有对"互联网就是一个工具"的自信，更有对不可知与混沌的顽固抵制与拒绝。然而，混沌往往会更快地产生新的思路、带来创新，使企业获得新的生机，并成功实现转型。

我以前很难理解，为什么那么多年轻人没有收入，依然可以生活得很好？现在回过头来看，无非是他们能完全融入网络之中，充分利用更多的免费资源。比如网络小说，不知道的人肯定习惯性地认为网络小说就是作者闭门造车之后出版发行。而我也是最近才知道，网络小说是作者在网络上与读者不断交流和交互中创作的，当写完最后一个字的时候，这本小说也就不存在了，即网络小说的创作过程才是网络小说能够成功的本质所在。

网络将所有人都联系在一起，它比原来线性的规律生活更加丰富。以前想要站在讲台上与学生交流，只有成为老师才能做到，而成为老师至少需要经历从学士到硕士再到博士这样一个进化过程，才能有可能实现。但现在就不一样了，不管什么学历背景，只需要拿出一部手机对着摄像头直播，便可实现这种交流互动。原来办公室的每个座位之间都会有隔板，因为管理者认为没有隔板的话，大家会更容易交流，影响工作效率。但现在许多企业都开始采用开放式办公室，希望大家多交流、多碰撞，这样才能快速连接释放，碰撞后所释放出的能量远远大于个体独自释放出来的力量。

创新不是靠单纯地想象，创新一定是在这种活力中涌现出来的。所以，管理转型是一种思维的转变。

第七章
重新认识转型

工业时代流水线作业模式使传统企业的战略大多以提高效率为目的，但"效率"二字的内涵在今天已经发生了变化。以前体现效率就是去拥抱确定性，做确定的事情，将不确定性放置在企业的外部环境中，在运行过程中不断改进效率系统。但是在今天的市场经济背景下，高效率、高产量的输出不一定会带来与之相匹配的回报。

战略亟须转型的原因在于，现在很多企业追求和捕获的价值空间已经发生了改变。动态的价值空间迫使企业改变捕获价值的渔网。正如任正非所说，华为的方向也只能是大致正确。

战略更多的时候像是一座灯塔，我们做得更多的是摸索和尝试。

拥抱不确定性

现代企业在运转过程中需要去拥抱不确定性，并将不确定性内化、承载。外部环境不断发生变化，企业内部同样需要不断寻求变化。

海尔集团在中国可谓家喻户晓。它的成功与决策者选择拥抱不确定性密不可分。早在2005年，海尔的首席执行官张瑞敏就曾提出"人单合一"模式。十年之后，他开始探索物联网时代的商业模式，仍然得出了"人单合一"的答案。

我们该怎么去理解海尔提出的基于未来物联网时代的"人单合一"？"人"是指利益方，"单"是指用户资源，"合一"即实现生态圈共赢。以前的管理系统认为"人"与"单"都是独立固有的，我们会想办法将两者重新梳理来调整流程与制度，"人"与"单"独立分开后，再来寻找两者之间的联系。

如果将思维视角换一下，企业成为一个活体，发展的起点就是一种关联，"人"与"单"只是企业成为活体之后的一种结果，不再是起点的时候，我们的思维将会完全发生变化。传统的效率观念认为，企业中的"人"需要不断地去适应和满足企业的"单"。

第三部分　转型

现在"人"与"单"都是根据企业这个活体关联的起点变化而变化的。战略的起点不再是客观的存在，而是关联与交互。所以企业现在所处的时代，不仅是外部环境不断变化与转型的时代，同样也是管理思维不断变化与转型的时代。

不确定性要求企业要有忧患意识，面对环境和市场的新情况、新问题，及时给出反应，制订出策略。

宝洁曾经是一家无比辉煌的公司，从一个制作蜡烛的小作坊，发展为世界上最大的日用消费品公司之一，它在历史长河里飘摇了一百多年，产品也浩然走向全球市场。原本如日中天的宝洁集团2016年在中国市场的销售额增长仅仅1%，销售业绩的增长速度大不如前，甚至还出现了长时间的停滞增长。从2013年的739亿美元到2019年的651亿美元，下滑13%。

宝洁作为一个老牌日化公司，中国市场在它眼中或许还是比较低端的市场。然而中国经济的飞速发展，不仅令世界震惊，也让许多企业措手不及。这样的发展变化，在百姓的日常生活中表现得最为显著。从过去人们一年到头盼着过年的时候能吃上大鱼大肉，到现在鸡鸭鱼肉吃到腻，反倒追求起素食、养生，餐桌上的变化正好反映出人们生活水平的提高。

宝洁有着对中国市场的确定性既判认识，但随着其越来越不适应目前中国市场呈现出的变化，单向市场目标增长所带来的负累暴

· 083 ·

战略闭合：释放从当下穿透到未来的小趋势

露无遗。于是，宝洁开始进行调整与转型，它们目前考虑的是将中国市场本地化，选择培养更了解本土市场和情况的本土高级管理人员，在不确定性中探索规律，以求稳求进。

企业需要提升的是，要有足够的能力在这个本来就存在的变化中抓住一些突破点，作为自身转型的契机，这样才更容易让企业发生变化。企业只有置于动态中，在潜移默化中才能真正将转型落地。战略在这个时候要告诉企业的就是，去主动拥抱不确定性。因为企业本身是充满活力的，一定要承受这种所谓的"混乱"，这样的活力才能为企业转型奠定基础和支撑。

转型不等于颠覆

转型并不完全等同于颠覆。我们可以从邓小平同志提出的改革开放中学习经验，先在特区开展实验，如果成功自然会产生联动效应，如果不成功也不会影响大局。

第三部分　转型

现在的管理一定要将反馈与快速调整的方式内化，这就要求战略具有预见性和时空感，不仅仅只是停留在当下，而且要面向未来。要想实现战略的预见性，就需要管理企业的人试着跳出来，让别人相信你想达到的未来是能够达到的。设想自己站在未来的时空条件下，再去预见未来，这就是战略的空间感。价值空间不是只有通过产品这一种渠道来展现。企业需要拓展更多实现价值的方式，需要更多人来参与，在消费者之间形成互动，用这种方式去承载价值。

战略更多时候像是一座灯塔，所以我们做企业战略更多的是摸索和尝试。在这个过程中，总会有一种方式可以让大家看到未来。这就需要我们有属于自己的视角。每个得以生存的企业都有属于自己的独一无二的基因，都有较为稳定的愿景、使命和价值观，在此之上，形成一个使企业能够存在的商业模型。

战略需要大胆的预想。我们经常会感觉战略管理虽然是基础性课程，但有时又略显高阶，这正是因为战略要一直站在企业整体的角度去思考企业与环境的关系，协调企业实现持续发展。

战略闭合：释放从当下穿透到未来的小趋势

阴阳学说

为什么制订战略需要动态地看待企业发展？我们可以用"阴阳学说"来解释，它认为世间万物都是由阴阳两种物质组成的，阴与阳动态地形成两极。阴阳相协，在变化着的世界里，双方相互影响，相互转化。但究其本质，在这些千变万化的过程中，阴与阳的基础始终不变，即使转变也并不意味着颠覆。这也刚好可以解释为什么

第三部分 转型

现在中国本土优秀的企业家尽管学习了不少西方管理企业的经验，骨子里面仍然是东方人的思维方式。

华为虽然借鉴使用了西方优秀的管理系统，但是到了高端阶层我们会发现，任正非近些年已经不再插手管理公司的具体业务。他所关注的是影响公司和员工发展的思维，这正是战略所强调的。

任正非是出了名的博览群书，自1987年创立华为以来，不管是历史、经济、社会、人类、文学，还是艺术类的书籍，他都不放过。在他的眼里，哲学思维才是华为发展的关键。这与日本著名的"经营之神"稻盛和夫不谋而合，稻盛和夫也曾公开承认自己的经营理念源自中国著名哲学家王阳明的"心学"。企业和哲学，一实一虚，看似不大适合放在一起的两个领域，却结合得很成功。

我们不应该继续将管理视作一种具体的方法论。比如我们生病，来到医院之后，会有一个导医台，医生会简单地询问病情，再告知我们应该去哪个科室就诊。经过一个简单的分流之后，再由专业的医生对症下药。中医的医治方式则是不管身体哪个部位出现了问题，就诊的第一步永远都是望闻问切。

中西医的区别就在于，中医始终将人看作一个整体，治疗的核心是调理。因为在中医看来，人之所以生病，是因为整体的生理系统出现了障碍，通过逐步调理，同时结合病人自身的恢复能力，最终达到消除障碍的目的。

这样的对比，并不是想要去证明中西医孰强孰弱，而是想要告诉大家，中医看待问题的角度是基于整体系统出发，从整体性出发的这种潜在的思维模式也能够被我们用到管理中，而西医看待病症的方式映射出西方的管理模式更多强调的是各个板块的力量与效率。

有一家做运输的民营企业，在调研中，老板告诉我现在公司遇到的最大困难就是薪酬问题，希望我能够帮助该企业建立一个合理的薪酬系统，从而解决薪酬问题。但是进一步了解情况后，我发现凸显出的薪酬问题只是表层现象，真正的问题在于，这家民营运输企业兼并了众多其他运输企业之后，管理方式出现了问题。

这家运输企业具体是怎么操作的呢？首先，派遣一名财务人员，前往这些被兼并的企业，统一管理这些企业的账目，从而达到提升效率的目的；其次，撤掉被兼并企业的管理信息系统，统一使用兼并企业的系统。

通过这样的管理方式，效率的确得到了提高。在兼并重组的过程中，所有具体问题的处理都非常迅速和直接，不过他们忽略了一个最关键的问题，就是对人的整合。

为什么这么说？因为被兼并的这些企业都有几十年的发展历史，将这些老员工整合到新的企业和新的环境中才是关键。表层问题是这位老板告诉我的，他给这些被兼并企业的老员工更高的工资反而招来了更多的不满。

第三部分　转型

　　问题的症结在于,老板错误地把新组织获得所有员工的认可方式,都集中在了薪酬这个单一方面,没有将员工除去薪酬之外的其他方面的归属和认可整合起来。尤其传统企业的老员工,把企业当作自己的第二个家,将企业兼并之后,并不是提高薪酬就能够让其对新企业有归属感的。

　　大家可能只记住了任正非说的"方向只要大致正确",而忽略了后半句,那就是"内部必须充满活力"。这两者之间的联系究竟体现在哪些方面?方向大致正确的前提一定是企业内部充满活力,同时,方向大致正确又为充分释放企业的内部活力创造了条件,因此,企业需要整体性去激活其内部复杂的系统。

　　上面的引入和例证是希望大家可以理解近年来中国本土所产生的管理思想。我与《人单合一管理学》的作者王钦聊天时,他说,"对'人单合一'四个字的理解可以直接用我们中国人的方式诠释:人中有单,单中有人。"这样的解释也体现了中国人思考问题的起点是从完整性出发的。

　　孔子在两千多年前就告诉大家,每个人都有自己的人生目标:"吾十有五而志于学,三十而立,四十而不惑,五十而知天命……"

　　我曾询问过很多人对"三十而立"的理解。美国人认为"三十而立",顾名思义就是需要我们强调个体(individual,个性化)。中国人理解的三十而立就是一个人要找到自己在社会中的位置。这里

·089·

战略闭合：释放从当下穿透到未来的小趋势

强调的就是人的存在与其在场域中所充当的角色，以及不断调整和平衡与场域之间的关系。

那些错误的观点认为我就是我，由我来定义我与环境之间的关系。其实并非如此，我们都是环境关系定义的结果，中国人思考问题总是从明晰场域中的关系开始，进而得知"我是谁"这一问题的答案。

华为提出，做事讲规则，管人讲灰度。这里的灰度是什么意思？灰度就是摒弃非黑即白、爱憎分明、一分为二的思维方式。之所以要用灰度的方式来管理人员，就是将人理解为关系的结合体。企业需要保持内部的活性和知返性，不断快速地实现反馈调整的过程，促使企业内部的每一个人、每一个层级去完成目标。这样，企业才能具有活力，从而使方向可以大致正确。所以，战略具有长远性、整体性以及系统性。

有位正在创业的 MBA 学生告诉我，现在做企业不光是白天的工作很重要，晚上的工作同样重要。晚上的应酬是维系企业与环境、社会之间关系的重点。我们需要在一种非正式的场合里去找到自己的定位。

确定这个"我是谁"的问题，不仅要明白自己每天在做什么事情，更需要了解自己每天究竟在跟哪些对象打交道。同理，战略研究也是企业这个活体与环境之间是否能够达到平衡的关键。

西方有一个"利益相关者"理论，它把企业视为一个运营综合体，里面包含了许多相关主体关系，可以大致分为内部和外部的利益相关者。其中，内部利益相关者包括股东、董事会、经营层、员工等，外部利益相关者则包括供应商、顾客、债权人、当地政府等。因此，要让战略能够顺利执行，企业必须保持内外部各个相关者的关系平衡。一旦平衡被破坏，企业就有可能会面临危机。所以，从这个角度看，企业的战略是否有效可以通过"企业这个活体是否良性"来判断。中医理论中观察人是否患病，绝不是去看哪一个具体指标，关注的是总体的循环。企业需要看到的是企业与环境之间的互动，如果是机会，也许会转化为威胁；如果是威胁，也有希望成为机会。

善于发现潜力

一位就职于华为的学生告诉我，其实任正非的战略就是愿意与大家分享他的经历所带来的理念，在这中间不断实现共同激励，没有过多的约束，从而可以不断创新，保持活力。他希望达到的目标也非常明确，就是让华为能在当下持续充满活力。

2018年，华为有了更好的成绩。其企业财报数据显示，2018年，华为在全球的销售收入为7212亿元人民币，同比增长19.5%；净利

战略闭合：释放从当下穿透到未来的小趋势

润 593 亿元人民币，同比增长 25.1%；这是华为首次全年营收超过 1000 亿美元，同时，这样骄人的成绩也让华为成为国内首家年营收破千亿美元的硬件公司。

其中，消费者业务首次超过传统优势运营商业务，成为华为的第一大收入支柱，企业业务营收首次突破百亿美元，研发投入首次突破千亿元，达到 1015 亿元人民币，占了销售收入的 14.1%。这样可喜的成绩，昭示着来自外部的干扰并没有给华为造成太大的影响。势头正盛的华为正从传统 to B 转向 to C，开始向多元化均衡发展转变。近十年来，华为在研发上投入的费用累计高达 4800 亿元人民币，从中不难看出华为对研发的高度重视。

相当漂亮成绩的背后，是创新的潜力在助推企业发展。华为的潜力正在于技术创新。从它打败美国高通几十年的技术封锁开始，它展现的实力让所有人看到中国技术的崛起，也让世人看到了华为的潜力和强大。最让我们感到骄傲的是华为所掌握的 5G 技术，它甚至能够影响一个国家未来几十年的发展，拥有这样的潜力就等于拥有了无限可能。

从 2018 年到现在，全球已经进入 5G 建设的高速期。运营商既是 5G 的投资主力，也是 5G 的深度参与者。从全球的普遍规划来看，5G 将在 2019 年进入试商用，2020 年将正式商用，之后到逐步规模商用。而对华为而言，5G 技术的加速推进势必会给它的运营商业务带来新一轮的增长。不只是一个企业的发展,在这样的浪潮中,整个产业都即将进入万物互联的"全场景智慧生活时代"。

在这样的时代背景下,围绕多样应用场景发展起来的智能终端设备,已经成为消费者获得智慧体验的重要入口。以华为消费者业务提出的"1+8+N"全场景智慧化生态战略为例,它指以手机为主入口,以 AI 音箱、平板计算机、个人计算机、可穿戴设备、车机、AR/VR、智能耳机、智能大屏为辅入口,结合照明、安防、环境等泛 IoT 设备,积极打造智能家居、智能车载、运动健康等重要场景下的用户全场景智慧生活体验;是以消费者业务为战略核心,通过华为终端云将服务延展到智慧生态平台,以此带动多个产业链的联动,推动整个产业发展。

当企业置于一个更高维度的动态循环中,就可以寻找到从当下到未来的活力。借用华为看战略理论系统中内外部环境的分析,外部即方向大致正确,内部则是组织持续充满活力。

我在读到维特根斯坦的逻辑哲学的时候,结合战略管理有了一些感悟。在战略管理中,可以讲清楚的内容通过科学的方式一定可以讲清楚,但这并不是最重要的。最重要的是那些战略管理中讲不清楚的内容。在判断一个人究竟有多大潜力的时候,可能我们的理性认知无法做出清晰的判断,但试想,如果突然将一个人扔进猛虎笼子中,这个时候他快速释放的潜力或许连他本人也无法想象。

因此，不要将企业各方面的资源死死地固定起来，这其中有很大的潜在空间等待我们去挖掘。使用"潜模式"的视角去关注商业时，企业将不断释放出新的形态、玩法和理念。探究释放的源头才是最重要的，不是仅仅去关注企业已经取得成功的某一种模式，而是去创新、去探索。

跨界与多元化

战略环境中的外部环境，即为了生存企业可以直接依赖的环境。新时代的新趋势告诉我们，外部环境是不断快速变化的。在变化的过程中，信息的承载手段出现并置入社会每一个人的手中，成为社会这张整体大网中的一部分。这个趋势告诉我们，不仅是人会被纳入其中，我们的物件，哪怕就是普通的办公桌、饮水机、计算机也会成一种终端，即物联网。

最明显具体的环境变化就是，20年前我们乘坐公交车时，所经停的区域工厂居多，而现在基本都是高楼大厦。表面上是高楼，但其实是依靠信息的支撑将所有的人、物连接在一起的一个巨大网络。

跨界强调的是企业的边界以及行业的边界都呈现出了逐渐消失

的趋势。以前所谓的行业之分很清楚,传统制造行业的企业不需要再去从事物流工作,交易平台也不用涉猎金融行业。但现在有许多的全能型企业能够涉及各个行业。原来的行业和产业之所以会出现边界,是因为在大的宏观环境下,我们必须要对整体经济体系进行划分,汽车行业的企业必然是专注于汽车制造的,产业必须成为支撑这个企业发展的关键。

同时,不同的产业会有其相应的门槛与壁垒。前期的理论,包括著名的迈克尔·波特"五力模型"也是基于产业结构展开分析的。在当时的社会环境下,脱离了产业的企业必然无法生存,所以产业经济学的理论也随即产生。以前的观点往往是告诉一个企业不要轻易地去实现多元化,很多人将"元"定义为产业,告诫企业千万不要跨产业去做事情。但现在,多元化战略已势在必行。

多元化一般分为两种,即相关多元化与不相关多元化。相关多元化,即业务的板块之间天然有联系,可以进行渗透。不管是在技术上、资源上还是渠道上,都会呈现出相通性。不相关多元化,顾名思义,各板块之间是有着严格区划的,但是企业可以将其打通。很多不相关多元化均可以被称为战略性的投资。

实现多元化的基本手段有四个,一是内部不断孵化,催生一些新的板块;二是并购;三是合资,说到合资,以万科为首的房地产商提出的轻资产战略,就是合资的代表;四是战略重组。

战略闭合：释放从当下穿透到未来的小趋势

任何事情都有其两面性，在强调多元化与跨界的重要性的同时，企业一定要记住另外一个关键，那便是"行不通就跑"。多元化的一方面的确是不断地进入一些领域和行业，但是同样更要有及时调整甚至退出的思想准备。

以前，战略一般不讲商业模式，其原因就是同一个行业的商业模式基本是一致的。但现在商业模式成为大家关注的焦点，我们以淘宝和京东为例，虽然它们都属于电子商务行业，但很明显它们的商业模式差别巨大。

京东是标准的商城，更多的是以自营的方式为用户提供商品。在监管方面，它更加侧重于对商品品质的控制，以满足消费者购物的核心需求，依靠提高供应链效率（资金和货物周转率）、控制成本等手段实现利润的获取和提高。淘宝网（包括天猫）的定位是平台，它为第三方提供开设店铺的基础设施，其本身并不提供具体的商品，核心服务对象是开设店铺的企业或个人，通过设置通行通用的管理规则或者服务来管控用户，以第三方形式间接地向消费者供给商品，主要通过为商家提供配套服务获取利润。

京东和淘宝网的服务内容不同，京东既是平台创造者，也是商品买卖服务的提供者，而淘宝只是平台创造者，不提供商品买卖服务；服务对象也大不相同，京东直接服务于消费者，淘宝网服务于中间商，间接服务于消费者；利润来源也有明显的差异，京东通过

第三部分　转型

提高商品和资金流转效率、控制成本而获得利润，淘宝网通过为中间商（包括消费者）提供配套服务来实现利润的获取。

以此二者为例，说明战略在以前特别依赖产业的情况已发生了变化，今天的战略需要考虑得更多，也更加多元化。

迈克尔·波特的伟大之处在于他能够准确地把握住在工业时代做企业战略的关键点，也就是产业分析。他在当时非常清晰地归纳出"五力模型"，描述了一个企业在产业中的竞争结构。

波特的这种思维方式没有逃避企业与市场之间的关系，企业作为参与者，一定要顺应外部环境市场的法则以及产业的规则。企业有了清楚的定位，朝着这个方向不断努力就能在竞争中脱颖而出，这个逻辑的确非常清晰。

上面我们既讲到了多元化，又提到了跨界，现在来谈谈两者之间的区别和联系。一般来说，大家在讲到公司战略的时候，提到最多的就是多元化。对于多元化中的"元"的理解，很多人会将其理解为产业，那多元化就是跨产业发展。所以企业要明白的问题是，哪些是需要我们涉及的业务，而哪些不是。如何去做加减？进入哪些行业？同时退出哪些行业？

判断哪些行业可以进入，哪些行业可以退出，企业可以从以下四个角度出发。一是效率的角度，基本原则就是看交易成本。二是垄断的角度，即根据企业在行业中塑造的垄断地位。比如，丰田汽车为什么要将产品做到如此齐全？因为它需要稳固其在行业中的地位。三是资源的角度，比如通用公司，正是由于其资源的丰富性，其核心资源可以扩展到更多行业发挥作用，所以通用公司可以将其主营业务拓展到医疗、金融等行业。内部资源过于强大，仅仅是集中在一个行业必然使得资源得不到充分的利用。四是社会学的制度理论角度，根据认知和身份来选择从事哪些行业。很多人一提到海尔就想到家电行业，但当有一天海尔涉及医疗、保险等行业的时候，就是海尔对自我认知的拓展。以前，多元化有一套理性的逻辑，只要行得通我们就可以做多元化，但由于多元化的约束，一定程度上限制了企业跨界的可能性。所以，现在我们往往不再提多元化，取而代之的是跨界。

多元化和跨界的视角不同，多元化往往是物的视角，即企业承载的是资源，有什么资源便做什么样的事情。但如果企业承载的是关联和连接，那则是跨界的视角，出发点在于企业连接关系的变化。如果企业本质承载的是关联和连接，使用跨界一词来描述可能更为形象。

从历史的角度分析，多元化产生的时代背景是工业时代，讲究的是机器运转，实现效率，同时强调分工的重要性，专业的人做专业的事，进而形成的就是由许多产业条块组成的社会经济。以前会

第三部分　转型

固定化地认为企业就是产业的一部分，但现在，企业有其社会化的属性，不一定仅仅局限在一个行业，它可以横向穿透行业的壁垒。当企业可以涉足多个行业、做多个产品的时候，就出现了多元化的视角。不只是在一个行业中获取机会，企业在更多的其他行业中同样可以获取机会，这个时候多元化的概念便诞生了。而此时企业制订战略的关键就在于，发现自身究竟能做什么，多元化的视角是从上到下，由企业的高层来决定企业能做什么，这便是我认为的多元化的含义。

跨界产生在互联网时代，其中一个基本特性在于互联网的产生导致企业和行业的边界逐渐消失。在这个时代最基本的存在不再是物，而是连接与交互。很多时候企业做平台的目的是承载更多的动态连接关系。比如，你是淘宝平台上网上购物的用户，你需要快捷方便的支付，于是出现了支付宝；支付宝余额不够，你可以用花呗的信用额度，"先消费，后付款"；你有闲置的余额或零钱，可以用余额宝来理财。它们是在同样的消费场景中不断延伸出的金融业务，这就叫跨界。通过及时抓住消费者活跃过程中产生的、意想不到的需求，自然涌现新的业务，这是基于连接关联中的必然结果。

不同于多元化，跨界的产生绝不是在我们理性预期之内的思考。多元化的能量是在现有能量的基础上拓展能力释放出的场域。跨界的能量则在于互联网点的集聚与活跃，前提是当这个场域形成之后，网络足够活跃，可以去满足和匹配随时产生的需求。跨界是不可预期的，往往是从底层开始涌现。

本质上，多元化与跨界最终呈现出的表现形式大同小异，只是在不同时代背景下企业业务拓展的不同术语。大家可以看到中国传统餐饮行业的发展，很多推动力量不在于企业有什么独门绝技，更多的是与消费者之间的交互，有了回头客再通过与其的交互，在其中发现新的衍生需求，推出新的产品和服务实现跨界。最明显的例子就是海底捞，其最核心的动力在于与其忠实客户之间不断连接。在连接过程中，企业可以不断地尝试，不断地推出新产品和新服务。多元化与跨界有重合交叉的地带，又各自呈现出不同的侧重点。

第八章
突破转型瓶颈

以前讲战略，强调更多的是执行。如今，现实清晰地告诉我们，在企业管理中战略并不是抽象或者绝对的概念，它贯穿企业的每一个神经末梢，将企业变成一个随着环境变化而不断变化的活体。

时代在变化，企业应该如何突破转型的瓶颈？

我们并不需要对一个企业的所有问题都逐一分析，而是要抓住某一方面的特点集中判断，我们可以把这种思维方式称为"点突破"。就像管涌效应为何能够产生如此大的威力，因为其穿透了带有能量的泥沙，能够将泥沙卷进来汇聚成巨大的能量。

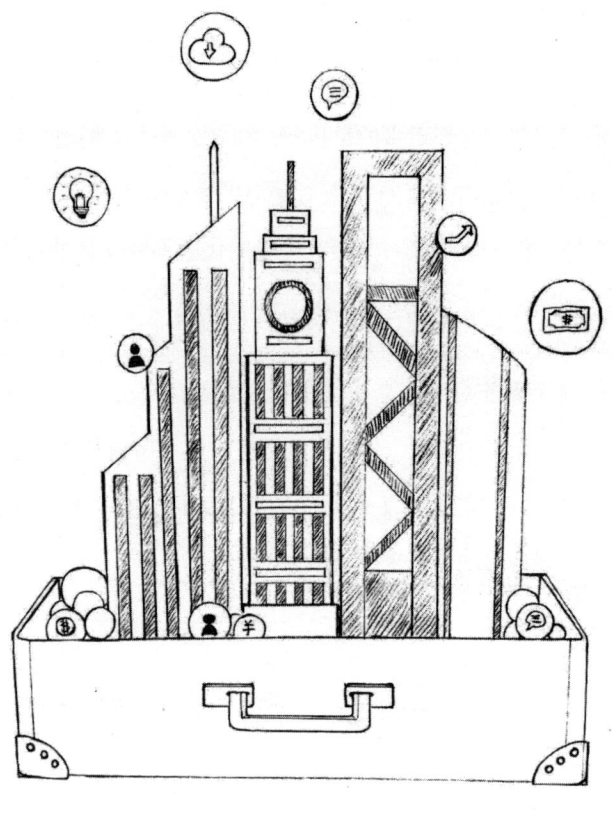

战略闭合：释放从当下穿透到未来的小趋势

● 内部的四个维度 ●

内部的四个维度

第三部分　转型

从企业内部环境分析,可以把以前的观点形象地描述为,企业就是一个筐,资源和人往里装。即"筐"先准备好,在此前提下,将资源与人进行分配。20世纪90年代,我们在讲战略的时候喜欢称之为定位战略,即把企业放置在环境中,为企业选定它应处的位置。

美国的普拉哈拉德和哈默尔于1990年在著名的杂志《哈佛商业评论》上发表了一篇题为《公司核心竞争力》的文章,首次提出了核心竞争力的概念,并指出这种能力最终决定了竞争结果的差异化。这告诉我们决定企业最终成败的,不再是企业的业务量在行业中的位置和市场中所占的份额。

在做战略环境分析的过程中,不管是从外部环境还是内部环境入手,总会有一个重心发生转移变化的过程。就像人的成长历程一样,小的时候,父母和老师都会告诉我们,先要强化自身,多学本领,这更多的是关注内部环境;当我们走向社会的时候,又会有人告诉我们一定要处理好与外部环境的关系,需要有引导你前行的人生导师,这时候我们关注更多的是外部环境。当我们工作几年之后,又逐渐发现自己的能力还有提升空间,这个时候我们又会将注意力转移到内部,这是一种重心相互转化的过程。在现在的动态环境中,这样的转化会更加迅速。企业被看作一个循环的活体,其外部环境一旦发生变化,内部环境必然同时产生变化。

战略闭合：释放从当下穿透到未来的小趋势

2000年之后，战略管理开始关注企业学习，强调企业在内部主动去寻求变化和提升。同时，人们越来越关注知识，因为知识是活的，每个人都会围绕知识获得提升。企业内部也是一个活跃的场域，如果企业能够真正不断释放内部的活力，与环境产生的互动便会更直接。这也就预示着，管理需要开始关注本身的创造性，这个过程同样可以称为转型。

就像黄铁鹰所著的《海底捞你学不会》一书所告诉我们的，海底捞的成功，不仅仅是表面上的优良服务，更重要的是根植于每一位员工的一种创造性与活性。现在企业的人力资源管理不再是一个专业领域的管理，而是放置于一个背景中的管理，我们称之为战略人力资源管理。

在海底捞，每位员工都有权给任意一桌客人免单，不仅经理有这个权力，服务员也可以。老板给了员工最大的信任，让每位员工都有归属感，把海底捞当自己的店来经营。尽管有媒体报道海底捞的待遇低，但看待遇并不仅仅是看工资水平。海底捞不仅为顾客提供人性化服务，对员工也是非常人性化的。海底捞为员工提供的宿舍全都在有物业管理的小区，而且房间必备计算机和WiFi，甚至有专门的阿姨帮忙洗衣服，也有专门的厨师做饭！更重要的是海底捞培训员工时特别用心，不仅培训工作内容，更多的还培训一些适应城市生活的技能，比如如何乘坐地铁、如何买卡、如何充值，等等，

第三部分 转型

公司像学校一样帮助员工成长，住宿的公寓也有家庭一样的温馨感，让员工更好地融入这个社会。如此人性化的待遇何愁找不到好员工？大部分企业都会强调对顾客的尊重和理解，往往会忽视对员工的尊重和理解，在这方面海底捞做得非常好。

人的管理必然是全方位的，能够从内部不断释放，同时企业的管理能够将其接住，持续地让员工享受现在的工作。这才是我们所说的从内部环境出发，让企业更好地滚动起来。华为，之所以能够说方向只要大致正确就行，就是因为其内部不断形成的反馈创造出了源源不断的活力。

分析企业的内部环境，要将企业当作一个活体，从而分析以下四个维度：一是企业当下运行要有效，即传统所讲的效率，现在亦可称之为效力；二是需要关注未来，即创新的突破；三是企业需要不断地释放并能够承载价值，就像服务价值链所诠释的不只是外部满意，同时需要内部也满意，不断调动内部员工做到极致；四是环境用户的响应。传统观点都会用企业的长板以及短板来诠释，而我反复突出强调的是企业的长板，企业的长板是能够逐步凸显出来的。这在企业内部最具有穿透性，并且能够决定当下这个企业的存在究竟能够维持多久。

千万不要再使用静态的方式去审视一家企业的优势与劣势。优势一定是置于不断变化的结构环境中去定义的，并且是基于关联性起点定义的结果。战略思维所强调的优劣势是一个相对的概念。

孙悟空刚从石头中蹦出来的时候，他必然不知道自己究竟有哪些优势和劣势，一定是在环境中与其他个体对比之后，才会发现自己的与众不同。企业在制订战略的时候，一定不要脱离与环境的互动。没有企业先天就知道自己具有哪方面的优势。在做优劣势分析的过程中，如果企业所认为的优势在与环境互动的过程中不断得到印证，那么这项优势必然会成为企业内部真正可利用的优势，也才能让企业不断获得自信。

具备"领地思维"

再谈企业与外部环境的关系。

在做企业的过程中，很多时候我们甚至可以去塑造一种全新的产业环境，即要有一种"领地思维"。

在今天看来比较成功的互联网企业，背后都有一个强大的粉丝群体作为支撑，粉丝群体也是其生命之本。企业一定要转变观念，不要再将行业产业高端化，而是要把握好所针对的目标人群。

除了产业环境之外，我们还需要关注大背景，企业一定是存在于社会的大背景中的,大背景包括政治、经济、文化、科技等。以前我们有一种分析大背景的"套路",就是 PEST 模型,现在看来这个模型也有些固化和落后了。

商人有一个共同的特点就是追求利益,更高层次的商人会将利益作为其从商的工具,追求利益又需要超脱于利益。

柳传志曾经说过"钱散人聚,钱聚人散"。当时,他在联想的股份不如杨元庆多,但是他坚信一点,就是他培养的联想精英都会听从于他。

任正非的成长经历对他做企业的理念影响颇深。任正非有兄弟姐妹一共9人,但是其父母始终坚持所有的生活物品一律均分。正是有这样一种人生体验,在管理企业的过程中,任正非才能正确处理企业与员工之间的利益关系,也使华为做到最大限度地与所有员工一起分享经营成果。

在中国经济和政治是相依相存的,谁也离不开谁,所以中国很多商人都不是绝对意义上的纯粹商人,他们需要广泛地与政府密切合作。

中国商人需要去平衡企业与政治环境的关系。企业要了解政策,学习政策,围绕政策来调整发展战略。产业环境最早源于西方后工业时代,但现代战略分析环境时,更多关注的是外部关联,关注顾

战略闭合：释放从当下穿透到未来的小趋势

客和消费者群体，进而削弱了产业环境对企业的影响。

在产业环境分析领域，最著名的无疑是迈克尔·波特提出的"五力模型"，他提出这一理论的背景是一个静态的工业大机器市场环境。各行业都被少数寡头把持，所以市场环境相当稳定。在这样的大背景下，只要分析企业本身在行业格局中的位置，便能较为清晰地制订出相对应的战略。所以"五力模型"这种分析竞争关系后确立的位置才会这么准确实用。

但是现在分析产业环境，不再是从一个稳定的存在开始了。如果企业看待问题的起点变成了关联与互动，所有关系都是动态的，企业是在关联与互动中逐渐看清自己是谁的，这个时候再用"五力模式"分析产业环境的意义就被大大地削弱了。企业依赖的对象已经开始由产业转移到用户社群身上去了，组织会变得更加动态与活跃，与环境之间是一种及时互动的关系，不再是只有企业的最高层与环境进行交互，而是越到最底层的单元交互就越活跃。

几年前，有一家比较火的企业叫作"韩都衣舍"，其商业模式是将韩国时下最流行的时尚元素第一时间引入中国，并迅速复制投入市场。由于其产品有2万多种，市场流行趋势瞬息万变，所以倡导的是小团队模式，最小的团体大概只有4个人。这些小团体及时与环境互动，始终走在流行的最前沿。

2006年韩都衣舍刚刚成立时，还只是一家年销售额20万元的淘宝小店，而今已经发展成为6年赚了300亿元的中国最大互联网品牌生态运营集团之一。作为快时尚品牌，它已有十多年的经营经验，不仅深入了解消费市场，还有了自己的稳定客户群。其主要消费者是18～30岁的年轻客群，从80后到90后，从90后到95后，再到今天的00后，快销品牌要最快地满足当下的消费需求，这无时无刻不在考验着它们对年轻人心理的掌控力。

为了让品牌更加深入地打入市场，韩都衣舍成立了几百个明星粉丝团微博以及各类社群，每年这些微博和社群为它带来了超过200亿的曝光量，通过明星代言、时尚活动、线上主题等策划切入受众，实现了"娱乐+时尚"营销价值的挖掘。在粉丝经济如日中天的今天，这样的策略带来了非常好的市场反馈。

韩都衣舍凭借各种活动拉开粉丝经济的切口。2017年，韩都衣舍借势超级品牌日与同道大叔、bilibili合作，线下线上联合推出了"我的少女心"主题营销，后来又举办了熊本熊的跨界合作、"后喻派·开学季"等策划活动，深入分析年轻人的爱好和关注热点，以他们熟悉的社交语态贴近，赢得了大量的年轻受众，刷爆了社交媒体，获得了极高的热度。韩都衣舍深谙这样的道理，不断贴近粉丝群体，追求真实感，突出共同的价值观，并且坚定地相信，这就是抓住年轻消费者的关键。

韩都衣舍的营销堪称"粉丝营销"的教科书级样本！韩都衣舍

对受众的精准把握让它拥有了刷新天猫记录的收藏量和不输娱乐圈明星的粉丝数量，这也就是我所说的基于神经末梢与用户群体进行互动，渐渐在产业环境中固定的竞争结构。这样的模式颠覆和重新定义了产业分析，场域这个关键词也就出现了。正是由于我们更多地去关注企业直接存在的场域，线性的结构自然而然也就变成弯曲的结构。

重在交互

信息时代下，企业与环境之间不再是你与我绝对隔离的状态，相反，企业与环境融为一体。这里的"融为一体"可以解释为：企业赖以生存的土壤、背景、支撑都是伴随企业的成长才释放出来的。在此背景下，再谈到企业战略的时候更多的还是要着重于"交互"二字。

有一部老电影叫作《霸王别姬》，对我触动很大，应该说这部电影是陈凯歌的巅峰之作。传统观念认为决定一部电影成功与否，导演尤为重要。陈凯歌的确是一位非常优秀的导演，一直拿作品说话，很少参与宣传活动。但后来在宣传《道士下山》这部电影时，向来

第三部分 转型

不太愿意出现在媒体面前的陈凯歌，竟然来到湖南卫视做宣传。这个变化说明陈凯歌看到：电影要卖座导演固然重要，但是放弃与环境的互动同样不行。

郭敬明作为一名青年作家拍出的《小时代》，在艺术造诣上或许不及陈凯歌拍出的作品，但同样收获了非常高的票房，《小时代》系列的总票房高达17.88亿元。韩寒也导演过电影，不谈他们的影片质量，只看票房，成绩都是令人羡慕的。不仅作家可以当导演，现在演员、主持人都有涉足导演行业，并且同样能收获市场的好评与青睐。这一变化告诉我们，不是将产品做好，电影拍到极致，就能获得消费者的青睐。企业也一样，价值的实现绝非仅仅依靠产品的质量突出，关键是需要更广泛地与外部，不管是消费者、竞争者，还是供应商，进行互动，产生效果。

它们给战略带来的启示就是：当我们在分析企业与环境的关系时，一个基本的观点和视角产生了变化：以前看待商业的时候，会将其描绘成一个客观的物体。其生产的产品只要符合标准，甚至高于标准，必然就能带来相应的价值。只要专注于做自己正在做的事就可以了，这就是所谓的"工匠精神"。

我们今天所推崇的"工匠精神"，源于工匠们对自己产品质量的执着追求。他们习惯对产品精雕细琢，享受着工艺品从雏形演变为精品，工匠们的高超技艺正是体现在他们对细节的把控和对完美、

· 111 ·

极致的追求。他们追求尽善尽美，执着坚持品质，不断改良和精进工艺。

"工匠精神"不仅是社会文明进步的重要尺度，还是中国制造前行的精神源泉，是企业竞争发展的品牌资本，是员工个人成长的道德指引。"工匠精神"就是追求卓越的创造精神、精益求精的品质精神、用户至上的服务精神。放到企业家身上，"工匠精神"指的就是专注发展企业，提升企业竞争力，着眼细节，凝练企业文化，打磨企业精神。用最严格的标准对待自己的产品，用最负责的态度对待员工和用户。这也正是环境对企业的要求。

在探究企业与环境之间的关系时，越来越多的人会选择研究海尔。前面提到的"人单合一"模式反映的就是海尔与环境之间的互动，处理企业与环境之间的关系不再是停留在企业的高层，也要渗透到企业的底层。我们可以形象地将其描绘为停留在企业的每一个神经末梢。

就像人与环境一样，大家刚开始骑自行车的时候，肯定会疑惑如何去掌控平衡，慢慢熟练之后，我们便不会再去关注在骑行一百米的过程中，一共摆动了多少次车的把手。当我们熟练之后，骑车就变成了我们眼睛、手和环境的一种协调，这也就是我提到的反馈。

第三部分 转型

发挥个体自主性

从管理的发展历史来看,管理最常使用的就是分工思想,即将专业的人置于专业的部门,这样便能最大限度地发挥效率作用。所以大多数企业的组织结构,仍旧按照职能进行分工,故在职能层同样需要响应企业的战略。那么战略的职能层如何去支撑企业的战略?其实很简单,每一位参与者都要发挥自身的能力。我们不仅需要考虑自我的部分,更关键的是与企业环境中其他单位个体的协调。现在企业组织将许多管理职能纳入战略组织团队中。例如,财务总监不仅发挥财务职能的职责,我们还将他称为CFO(首席财务官)。

工业时代还没有完全逝去,大多数企业依然追求效率。在此基础上的职能层战略不仅需要强调分工的重要性,更需要突出各职能之间相互的联系与沟通,既要清楚企业的总体战略,又要最大限度地发挥主观能动性。那么,如何去改造效率系统呢?传统方式有很多,包括机器时代的规模效益。但是如今除了要关注流水线上的东

战略闭合：释放从当下穿透到未来的小趋势

西之外，更要关注战略的传递，即强调每一个主体的参与性，这个主体更具有创造性，能够不断贡献智慧、信息和数据。

前不久我为儿子买了一台小米的人工智能音响，这个音响让作为教师的我产生了危机感。每一台人工智能机器都可以很生动地讲述内容，这依靠的就是分布式的力量，这样产生的效率，比集中式地前往一个地点，集中授课效率更高。这就是职能层战略，不仅以效率为目标，而且将潜在的互联网时代赋予的力量释放出来。具体来说，职能层的每一个人都是智能体，需要大家保持一定的距离相互协调、相互关联产生火花和能量。所以，不能片面地将每一个单独的个人分离，而要营造出一种循环，让大家各自承担自己的角色。

调研过程中，管理者们经常告诉我，企业越来越乱。我告诉他们，这是一件好事，只要这个所谓的乱，在一定的范围内不断调整，它就会是一种动力和活力。这个时代的基本动力绝对不再是依赖传统的大机器，而是依靠每一个人的不断释放。这就是为什么现在很多互联网公司有那么强大的力量。

比如共享单车的模式在全国范围内迅速发展起来，并且改变了人们的出行方式。这里面有一种基本的力量，不是单纯的产业观念，而是让许多不相关的人参与进来，从而形成涌动甚至是爆发。这就是使用互联网思想来改造效率系统。

美国宝洁公司推出了薯片品牌品客薯片，但是由于薯片又薄又脆，容易破碎成渣，产品的美观度和口感都将大打折扣，这必然会影响消费者的体验，消费者品尝美食的心情也受到影响。因此，宝洁开始着手打造完美的薯片形状，为保证薯片独特的口感和完整，一直致力于产品包装的设计和研发，为满足消费者的需求做出不懈的努力，花了几乎十年的时间才开发出现在市场上弧形片状的薯片。

但消费者吃品客薯片的时候，并不会注意到品客薯片是宝洁出品的。于是，宝洁想了一个办法，在薯片的表面打上宝洁的LOGO，并马上交付给研发系统，可是半年时间过去了，这项技术还是没有成功研发。后来宝洁公司才知道意大利有一家生产食品的小公司早就已经解决这项技术瓶颈。所以，现在的企业要强调开放式创新，更广泛地聚集力量，远强于封闭起来自我研发。创新不是线性结构而是并行结构，需要各个职能层面有机协调。所以在职能层承接战略，关键是协调，即职能层与环境的互动。

以前一提到与环境互动，我们第一时间往往想到营销部门和服务部门。现在强调的是一种开放式互动。消费者也会参与到企业各职能部门的各个环节中，之前叫作定制，现在叫作消费者参与制造和设计。现在环境变化如此之快，我们要思考企业中的每一个节点是否在与环境的互动中始终保持活跃。

战略闭合：释放从当下穿透到未来的小趋势

学会影响环境

孙子讲"知己知彼，百战不殆"，企业需要不断审视和评估自己所处的生存环境。任何一家企业都要有能够影响环境的力量。马云为什么要将阿里巴巴 18 周年年会搞得这么隆重？他的目的无非就是希望能够得到更多关注。第二天媒体便开始铺天盖地地报道阿里巴巴要做全球"第五大经济体"的概念，这个经济体的含义与企业最大的不同就是，它不只是获取利益，还要承担更多的责任，责任的承担体现了马云希望阿里巴巴能够获取影响环境的力量。

阿里巴巴的宏大计划突显了决策者的雄心。早在 2014 年，阿里巴巴就斥资 10 亿元人民币收购了中信 21 世纪 54.3% 的股份。或许阿里巴巴看中的是中信 21 世纪手中掌握着中国仅有的药品监管码体系，拥有中国药品领域最真实、最大的数据库。后来马云宣布"未来医院"计划时，更是雄心勃勃。阿里巴巴将要建立移动医疗服务体系，并且提供在线药物配送、转诊、保险申报等服务，还将基于大数据搭建健康管理平台。这无疑是一个巨大的市场。

当时的支付宝就已与国内两千家医院达成了合作，实现了让用户通过支付宝挂号就医,既拓展了支付宝的使用渠道,也极大地便利了医院的管理,为用户提高更好的就医体验。在支付宝中就有两大挂号渠道:一是接入支付宝"城市服务"的广州、深圳、青岛等地区,能够在首屏发现挂号入口;二是接入支付宝"服务窗",在"服务窗"中输入挂号平台的名字就能够进行挂号,大大节约了人们到医院排队等候的时间,更是避免了高价购买专家号的情况,成功形成了多方共赢的局面。

不只是医疗方面,阿里巴巴作为一个庞大的企业,它在纳税、就业、生态环境等方面均有突出贡献。

2017年,阿里巴巴集团纳税达到了366亿元人民币,平均下来,仅仅一天的纳税额就超过了1亿元人民币,这样的数据给我们的直观感受是相当有冲击力的。除了阿里巴巴自己纳税外,在阿里巴巴平台上,包括淘宝和天猫,因为消费而带动的上游收税预计超过2900亿元人民币,促进上游制造业的增长和物流、包裹拉动的下游快递业增长。总体数据更加令人震撼。这是企业的发展为税收带来的"惊喜"。

在就业方面,根据中国人民大学劳动人事学院测算,阿里巴巴直接或者间接创造出的就业岗位高达3300万个。在这些岗位中,绝大部分都是对贫困县市的扶持,根据当年阿里巴巴给出的数据,全国范围内淘宝村已经有2118个,400个在省级贫困县,33个出现在国家级贫困县。阿里巴巴在贫困地区带动地方产业发展、扶持贫困县、便利居民生活、提升贫困地区人民生活水平等方面功不可没。

在提倡绿色的声音越来越嘹亮的今天，阿里巴巴也作为企业的表率投入环保当中。2019年6月1日起，联合国环境署和阿里巴巴共同发起互联网环保活动，只要在淘宝、天猫、支付宝、饿了么、菜鸟裹裹、盒马鲜生等阿里巴巴旗下20个App搜索"绿色"，就可以参与种公益林、回收纸箱等80多个绿色环保行动。在杭州举行的2019年世界环境日全球主场活动中，支付宝蚂蚁森林、菜鸟绿色行动"回箱计划"，分别获评联合国环境署年度环保实践案例及生态环境部"美丽中国，我是行动者"典型案例。

诸多方面的贡献让我们认识到，企业是在环境中不断成长的，当它日渐茁壮，有能力承担更多的社会责任时，必然会对环境形成良性反馈。这才是大企业的担当。

吴晓波在一个题为"95后已经来了，你敢雇佣他吗？"的演讲中说：95后有一个特点，与生活在现实相比，他们宁愿停留在二次元的虚拟世界中。有学生告诉我，要想让95后臣服于你，就一定要在某一方面做到极致，成为所谓的"大神"。

这里揭示的关键点就是，在行业中，要想影响环境不是说在各个方面都要去做出一些成绩，而是要在某一个领域或某一个方

第三部分 转型

面占领高地，做到极致，成为那个摇旗的人。这个时候所带来的联动效应才能影响环境。如果企业的各个环节都被顾及并做出与行业平均差不多的水平，在这种情况下，企业对用户的影响其实是非常有限的。

在这里我所强调的做到极致，并不是说仅仅在某一方面突破，一条路走到黑。其实企业会有很多强项待挖掘。有一次我与一名做创业的学生交流，我问他："作为知名教授团队所带的博士生，是否能够保证你们在大数据算法方面是绝对领先的？"他连忙摇头答道："这个不敢保证，因为现在的牛人太多了。"我接着询问："那你们依靠什么来实现发展和突破呢？"学生说："我们就是靠老师这个品牌。"

现在这个时代，企业一定要体现出有影响环境的力量。我问过很多人他们觉得"三只松鼠"的味道怎样？多数人的回答都是还没有街边的干货店现炒的干果好吃，但为什么"三只松鼠"能够取得成功？

许多企业在理解做到极致的时候，固有思维依然将关注点集中到产品上，往往会忽视如何去影响环境、影响用户。

我曾前往宁夏调研当地一家枸杞制造企业"百瑞源"，它们开发出的不仅有大家所熟悉的枸杞果实，还有枸杞茶等一系列与枸杞相关的产品，但是一年的销售额仅仅有两个亿，而且有一半都来自电商行业。"百瑞源"的发展空间还很大,但是单纯依靠枸杞这个产品实现穿透宁夏地域、影响环境还是比较困难的。

就像四川、重庆地区有很多味道非常好的火锅,但最终都没法走出川渝,走向更大市场。原因就在于,单纯依靠产品本身在这个时代的影响力还不够。相反,来自四川简阳的"海底捞"——在众多四川人眼中并不是最好吃的火锅——却扬名天下。海底捞之所以能够在其他地区影响那么多的用户,只因为去过的人会忍不住建议他们身边的人去感受一下海底捞的服务。

尽管海底捞的服务水平给大众留下了深刻的印象,但这并不意味着它完全没有过危机。在 2017 年被媒体曝出的产品质量问题中,通过海底捞的公关处理,我们可以看到海底捞创始人张勇牢牢把握住了能够影响消费者力量的不仅是产品本身这一原则。

媒体报道的问题包括:海底捞火锅劲松店、太阳宫店两家门店的后厨卫生问题严重,不仅有老鼠出没在后厨,员工还在同一个池子里清洗簸箕和餐具,用顾客使用的火锅漏勺掏下水道……这些问题引发了社会的广泛关注。

但海底捞的反应速度极快,当天即在官方微博发布了致歉信,承认错误,诚恳道歉,表示立即改正并接受监督。致歉信表示,海底捞愿意承担相应的经济责任和法律责任,同时也宣布已经对海底捞所有门店进行整改,还将在后续处理中公布整改方案,杜绝卫生清洁问题的再发生,并公布了对此类事件处理结果的查询方式,消费者与媒体可以通过海底捞官方网站查看食品安全的公告信息,或在海底捞微信公众号查看食品安全管理公告。后来,海底捞确实按月地在微信公众号上发布对食品安全的检查结果公告,涉及员工操作、原料品质、设备运转等多个方面。

海底捞在舆论处于劣势的时候,大胆地承认其产品的确存在不卫生的现象,承诺它们会在最短的时间内弥补,这样的处理方式反而得到大家的谅解,塑造了企业敢于承担、正面应对的形象。海底捞之所以能够穿透环境的束缚,靠的绝不是火锅这个产品本身,而是通过将服务做到极致从而产生影响环境的力量。

同时,将服务做到极致靠的是其内部环境,激活内部每一位员工,使其充满活力,才能有效支撑高质量的服务,与环境和消费者群体形成一种良性的互动,最后凝练出企业的定位。客观来看,每一家企业都会有缺点,在发展过程中都会暴露出问题,企业需要关注的是其在与环境的循环互动中是否会实现一些突破,这个突破才是通向未来的一种强大的生命力。

第四部分　定位

当企业从小趋势发展成为龙卷风，定位闭合就是"风眼"。

——题记

定位，顾名思义，就是要找寻属于企业的位置。我一直强调要用动态的思维看问题，而定位就是企业在动态环境中应该坚守的东西。

企业是一个整体，需要一个方向来引导，释放企业与环境之间更加紧密的互动关系。但是，企业融入环境之后，我们也不知道企业与环境究竟实现了多少次交互。所以，在这个过程中，企业应该不断筛选和凝练出固定的有价值的部分，也就是我们讲的定位。

战略闭合：释放从当下穿透到未来的小趋势

龙卷风

第九章
传统定位渐行渐远

著名管理大师迈克尔·波特针对产业结构和企业定位提出竞争三部曲，即竞争战略、竞争优势和国家竞争优势。20世纪，在经济领域有一个明显的特征，那就是各种经济体都以产业来承载，将企业环境置于产业之中。近年来，哈佛学派产业经济学几乎已成为世界的主流，哈佛学派的理论，即SCP理论，主要是使用绩效对产业进行分析，架构了系统化的市场结构（Structure）—市场行为（Conduct）—市场绩效（Performance）的分析框架。S代表市场结构，分析行业主要市场份额是否集中在少数的寡头手中；C代表企业的市场行为，这是在市场结构之下的关键点；在S与C的作用之下，起决定性作用的便是企业获取的绩效，也就是P。迈克尔·波特将SCP理论反过来思考，制订出了企业战略，即企业要想获取自身的市场绩效就需要分析行业的结构。由此，著名的"五力模型"诞生了。

只要能应对好这五种力量,最终就会实现 P,也就是绩效。在这个意义下,我们产生了战略的基本思想叫作定位,战略的目的变成了给企业找一个非常恰当的定位,以决定企业的绩效。

迈克尔·波特的"五力模型"背后到底是怎么样的思维逻辑呢?

"五力模型"

企业在产业环境中,首先面临的是同行业的直接竞争对手的挑战,其次还有四种重要的力量,即上游的供应商、下游的顾客、潜在的竞争者和替代品。通过分析,企业可以清晰地看到所处行业的竞争环境结构,最终用于战略的制订,这套模式如今正面临着挑战。"五力模型"产生的背景来自产业经济学,其必然根植于分析行业的结构。这样的定位思想产生的结果是企业必须拼命在行业中寻找机会,形成行业的某种稳定的垄断性话语权。

成都伊藤洋华堂的转型做了两件事情,一是开伊藤广场,把它做大,里面包含各种类型的产品,几乎什么都有;二是应对盒马鲜生的竞争,把它做小。实际上,它最赚钱的是生鲜和食品。如果把转型理解为"再开一个店,复制模式",那么,这并没有产生"小趋

第四部分　定位

势"的释放，缺的是定位。

我们特别强调定位。传统定位需要看清楚格局，而现在的定位需要快速抓住变化的穿透点。穿透意味着释放小趋势和生命的力量，它不需要把复杂的过程搞清楚，需要的是灵活地承接与把握。

我一直强调，企业与环境之间固然存在着一种融合与互动，企业的定位更是不能忽视。就像发射导弹，虽然在不断调整，但是其打击的目标是固定不变的。

在电商云集的今天，天猫、京东、拼多多等类型相似的电商企业，实际上都有着各不相同的明确定位。我们以拼多多为例，后发的拼多多何以在三四线城市"杀"出一片天？

天猫和京东主要是满足比较追求品质的那部分受众，而拼多多却将目光瞄准了三四线城市，重点关注不那么看重品质、只要求"能用就行"的这批用户。它的定位是三四线城市人群，以明显的低价大量拉取客户。正是因为如此清晰的市场人群定位，拼多多以拼团、砍价的形式，带动了"病毒式"的广泛传播。从刚开始的无人问津，到如今的无人不知，拼多多成功拿到了它想要的市场份额。

选择拼多多的用户，看中的是低价，但并不是低质。"能用就行"并不等于完全无视质量，为了解决消费者对于产品质量的忧虑，拼多多试图让用户更加直观地直接了解所购商品的生产状况，于是

战略闭合：释放从当下穿透到未来的小趋势

它将目光投向了工厂端。2018年12月，拼多多推出"新品牌计划"，扶持1000家"拼工厂"品牌升级，突破性地建立生产可视化平台，即通过直播技术打通生产端与需求端之间的信息流，令产品设计、生产、制造的整个流程全面实现可视化，通过这样的途径实现"高人气"与"好口碑"两开花。

如今，微信群、朋友圈随处可见拼多多的砍价链接，凭借着精准的人群定位，拼多多的用户已达到3亿，完成了C轮融资，仅就企业市场和产品定位来说，拼多多无疑是成功的。

SWOT匹配

在掌握了战略框架以及思维突破之后，企业如何制订战略呢？传统理论有一个非常重要的思想叫作匹配。外部环境既有机会又有威胁，内部既有长板又有短板，将这些因素汇总起来综合分配，便能找到最佳战略，即大家非常熟悉的SWOT理论。这个理论对战略发展有着极为重要的影响，在现实生活和工作中，不管大家有没有上过战略课程，均会不自觉地运用这个范式。

SWOT的核心是将企业内外部的环境分开，寻求各自最有效的匹配。在此情况下出现了四种战略，即 SO 战略（增长型战略）、WT 战略（防御型战略）、ST 战略（多种经营战略）、WO 战略（扭转型战略）。在这四种战略中，SO 战略与 WT 战略都非常明确，SO 战略即优势与机会并存，需要快速斩获机会；WT 战略是劣势与弱点同在，需要审时度势、放慢脚步。但与此同时，按照匹配思想，ST 战略与 WO 战略则比较复杂。WO 战略描述的是环境带来机会，抑或是未来必然的趋势，但这不是企业所擅长的领域，企业需要思考的是：该选择进攻向前，还是退缩防守？

讲到多元化时代，目前几乎所有观点都认为机会最为重要。其中有一个非常重要的观点，就是企业要尽可能地抓住所有机会。20 世纪 90 年代，许多民营企业之所以能够快速成长，依靠的就是多元化战略。所有企业家都在拼命地做一件事情，就是寻找机会。但是如果现在还采用多元化战略，一大批企业会掉进一个陷阱，即机会仍然是机会，但不一定能将其成功把握住。当一家企业的发展逐步起势的时候，往往都会选择沿着多元化的方向继续向前。它们将业务板块延伸到许多个产业中，并认为业务板块之间的相关性不重要，重要的是机会。这是 20 世纪 90 年代机会导向战略的普遍特点，当这些企业经历失败之后，才逐渐提出核心竞争力的概念。

这时就要提到 ST 战略。当企业实力较强，却面临一个较为恶劣的环境时，战略导向逐步从外部环境转移到企业内部。放眼全球，有两个非常耀眼的知名企业,即微软与英特尔,它们共同支撑着庞大的 PC 产业。

世界 PC（Personal Computer，个人计算机，俗称电脑）软件开发的先导——微软公司,是一家跨国科技公司。1975 年,比尔·盖茨与保罗·艾伦创办了它,并将公司总部设立在华盛顿州的雷德蒙德市（Redmond，邻近西雅图）,经营业务以研发、制造、授权和提供广泛的计算机软件服务业务为主。

在微软公司成立四年前,同样位于美国的英特尔公司推出了全球第一个微处理器。作为全球最大的个人计算机零件和 CPU 制造商,英特尔的历史更早,成立于 1968 年的它已具有五十多年产品创新和市场领导的历史。

自从微软 Windows 系统研发出来以来,微软与英特尔处理器的密切关系人尽皆知。一般认为其原因在于 Windows 系统与 x86 架构有着非常好的兼容性,x86 架构作为主流微处理器执行的计算语言指令集,能够在最大限度上满足微软构建软件生态的现实需要,这为二者的合作奠定了坚实的基础。尽管两家公司合作与竞争并存,有时候关系"不大稳定",但人们始终无法忽视二者在业内的领先地位。强强联合之下,也正式开启了 PC 全球普及的时代。

我们需要关注的是,这两家企业之所以能够领军行业,并不是因为它们将业务铺展得多么广阔,而是它们始终坚持致力于 PC 行业的最核心处，即CPU（中央处理器）。

一个企业只要有核心力量，便能影响和引领一个行业，可以为企业塑造更好的生存环境。

对于大部分实力雄厚的企业而言，在新的历史时期如何更好地匹配战略，它们会优先考虑自己的核心优势。就拿成立于1991年的亨通集团来说，它的业务范围广泛，跨度也比较大，不仅专业从事通信电缆、光纤光缆、电力电缆、电力光缆、宽带传输接入设备及光器件等产品生产、销售与工程服务，还涉足房地产、金融、证券、热电等能源领域的投资及产业化经营。

在全球化发展的浪潮中，面对机遇和挑战，亨通集团着力打造创新型企业，大力提高自主创新能力，努力培育自主知识产权。它依托国家级企业技术中心、国家级企业博士后科研工作站、江苏省光电传输工程技术研究中心等企业自身的科研开发和技术创新平台，持续实现产业升级，不断向着产业高端迈进，先后承担了数十项国家火炬计划项目、国债项目、自然科学基金项目，以及高新技术产业化项目。不断通过自主创新，加快推进国际化进程，以创建创新型企业为目标，以管理、技术、机制创新为核心，以产业扩张为依托，全面启动全球化战略和品牌战略。

2019年，在广西北海举行的中国企业家年会上，亨通集团董事局主席崔根良说："新一轮产业变革正在兴起，颠覆式创新、挤压式发展、扼杀式竞争、跨界式打击等给企业带来了前所未有的危机和挑战。"

在新的时代背景下,企业迎来了过去难得的机遇,同样也面临着要登上世界大舞台与来自全球的其他企业一决高下的挑战。战略最重要的不是外部的机会,而是内部的核心竞争力所带来的影响力和行业的引导力,这属于战略的另一个逻辑和视角。

传统定位的弊端

以往评判一家企业的好坏,通常看它在市场中的份额。这也就不难理解,为何许多企业通过不断降价获取市场份额。"五力模型"的核心是支撑企业的结构,只要企业能在结构中游刃有余,必然可获得较大的发展。

但这是否就等于战略做好了?非也。一个从事汽车客运运输的企业可以将规模做到行业最大,但是我们同样也要动态地看到,整个汽车运输行业已经夕阳化,高铁的快速发展、自驾的流行,都给这个行业的继续存在带来了威胁。

行业本身正在消失。曾经那么多优秀的企业逐步走向衰亡,并

第四部分 定位

非其不够强大,而是随着整个行业的灭亡而消失。15年前,没人会认为IT与PC会失去关联,那时对行业的分析是只要能做好PC,企业就可以永葆青春、长盛不衰。

当年,神舟电脑的创始人吴海军曾说过:"倘若电脑行业有一直能笑到最后的两家公司,其中一个是联想的话,那么另一个则一定是我们神舟!"当初联想凭借着万元奔腾电脑的理念在PC领域稳居前列,面对劲敌,神舟公司另辟蹊径,开辟了一条独特的追求性价比的市场道路。在越来越多的厂商进军PC市场时,神舟推出了性价比很高的电脑品牌,售价只要3999元。依靠价格优势,神舟的销量在当时同类型产品中遥遥领先,市场占有额仅次于联想。

尽管曾经比肩联想,如今也已然没落。不仅是神舟,整个行业都面临着这样的局面。同样形势严峻的还有清华大学旗下的清华同方,北京大学旗下的方正,海尔集团旗下的海尔、技嘉、微星,以及台湾的宏碁、华硕等。如今,除了联想之外,其余的这些品牌的PC业务都日渐颓势,受整个电子产品行业发展方向的影响,联想亦面临挑战。国外也一样,微软近十年的懵懂与艰难也是源于整个PC行业逐步走向消亡。如果此时再去PC行业中进行定位,做的都是无用功。

三泰电子的创始人认为,既然做银行回单柜能成功,那么"速递易"智能柜同样可以成功。这个逻辑的问题在于,他们错误地把

战略闭合：释放从当下穿透到未来的小趋势

银行回单柜产业结构的范式简单地等同到"速递易"智能柜的外部环境中，将银行回单柜的商业形态照搬移植于"速递易"智能柜的商业模式，它们都是不成立的。

从这里可以看出，以前定位的前提是，假想出一个不变的场景和产业格局来看未来，先要获得一个参照系，将其固化，便能确定目标，从而形成定位。而现在的参照系是在动态的交互中逐渐形成的，这才是当下战略必须直面和应对的思考方式。企业在使用"五力模型"时，一定要注意，企业定位的前提应该建立在动态交互的基石之上。

匹配是动态的

使用传统 SWOT 匹配模式去制订战略当然可行，因为这个模式看上去有非常严密的逻辑，既考虑了外部环境，又兼顾了内部环境，最后将两者综合匹配。但这也让很多人的战略思维停留在原地。

冷静下来思考就不难发现，SWOT 所适应的场景和范围其实是在一个相对静态的行业环境中，它产生的背景也是在行业集中度较高的二十世纪七八十年代。在每一个行业里，我们都能找到几个寡头，这是因为相对稳定的几个寡头主导了整个行业。那个时代的环境虽然会有一定的变化，但不会超出相对稳定的大格局，这个环境是相对静态的。企业内外部的边界相对比较清晰，外部主要指行业的竞争格局；企业内部是指企业内部的物质、文化环境的总和。此时使用 SWOT 的逻辑进行战略分析与制订也相对行之有效，在大量数据分析结果的支撑之下，匹配显得更加精确，因此，以前的战略主要强调企业在行业中的地位。

不可否认，SWOT 的确为企业战略制订提供了思维范式，但是这个范式的根源和起点严格地将企业与环境之间的关系划分开来，形成了企业与环境之间显性的边界。它最为核心的思想便是内外部环境需要严格匹配。在当下来看，企业不可无视这种思想的作用，但我想强调的是，企业千万不要将边界固化。

当今时代，不管是优势还是劣势，无论是机会还是威胁，只要看问题的角度不同，抑或是身边动态环境的变化，它们都是可以快速相互转化的。如果企业还用固定思维看待问题，势必会跟不上时代变化的节奏，制订出的战略必然过时。匹配思想在今天仍然有效，但是静态匹配的思想绝对过时。

20 世纪 90 年代末，最早在国内打出"以业务流程变革（BPR）+ERP 系统实施为核心内容"这个管理咨询招牌的是汉普咨询。不管是从业务规模上、客户群体上，还是人才储备上，在当时看来都是最有可能成为中国的"埃森哲、IBM GBS、凯捷"的 IT 咨询公司，可是几经波折之后，到今天它已经是英雄无名。而它曾经的主要对手汉得信息，同样是从20世纪90年代末开始创业，核心业务非常接近，曾经的业务规模也与之基本相仿的IT咨询公司，虽然也几经资本波折，但最终成功上市，命运完全不同。

21世纪的前十年里，国内也曾经出现过其他的ERP咨询公司，然而绝大多数也都已经消亡。有的是放弃了这块业务（如神码），有少数独立公司卖给了希望进入中国的欧美IT咨询公司（如Atos收购了高维信诚）、IT外包公司（如文思海辉收购了和诚普信），创始人成功套现后离场。

企业在竞争中九死一生，尽管汉普在实战中常和高维、神码、汉得等国内ERP公司斗在一起，但是它把竞争对手锁定在国际品牌上。为了在市场上提升溢价，汉普体现出了跟其他国内ERP咨询公司的明显差异性，它将价值主张定位于"咨询+IT"。然而后来的事实证明：汉普的品牌定位并没有得到广泛的市场认可，难以和国际品牌抗衡，高成本的运作造成了持续的经营亏损和现金流困难。2010年，中软国际（HK.8216）宣布收购汉普咨询公司51%的股权，此次收购最多将支付2300万元人民币，令人唏嘘。相比此时的八年前，联想收购汉普咨询51%股权时支付的5500万港元，其身价几乎跌去一半，逐渐式微。

反观始终坚持自我发展、低成本低价策略的汉得信息，它一路稳打稳扎,后来居上,最终成为国内业界翘楚。汉得信息在发展中,十分注重不断积累行业解决方案,同时积极推进以新技术、新产品为核心的业务转型,培育扩充未来的业务方向和收入利润来源。2019年1月1日到同年6月30日,归属于上市公司股东的净利润为1.64亿元至1.7亿元人民币,比上年同期上升5.82%～9.69%。

由此观之,战略是成败的关键,今天企业制订战略必然是一个在动态环境中的匹配过程。这就意味着,在外部环境中,机会和威胁可能瞬间消失或者互相转化。这时再用SWOT去分析,就会发现不太适合了,这套范式无法适应不断交互的动态环境。

我们必须明白,学习战略管理绝对不是学习一个工具,而是学习一种思维。当我们进行战略分析的时候,一定要明白其产生的原型,我们使用的是战略管理背后的一套思想。当然需要SWOT匹配的思想,因为战略的本质使命是将企业放置在环境中实现持续存在,需要综合外部和内部环境的态势,但最为关键的是,当我们收集的态势转化为战略的时候,就不再是静态地、机械性地一一列举,而是需要将其融合,再加上对未来动态的预判。这个时候的SWOT才是真正匹配当下环境的最佳制订。

第十章
创新定位思维

小到一个家庭,也需要战略。家庭战略的形成需要夫妻双方不断互动交流,甚至吵架,才可以将这个关系持续地维系下去。这与前面讲的主体融入息息相关。

企业与环境之间的关系,首先企业置于环境之中才能使其活跃,从而与环境实现融合,最后形成可以影响的场域,进而看清企业究竟是谁。这样不仅能影响企业自身,更重要的是能影响环境,利于企业与环境一起从当下走向未来。如此在逐步清晰过程中所形成的战略定位,才是强大的定位。

定位无疑是重要的,但定位在今天也有新的内涵和新的要求。

第四部分　定位

重新改写环境

"江小白"是重庆江小白酒业有限公司旗下江记酒庄酿造生产的一种自然发酵并蒸馏的高粱酒品牌。2017年,"江小白"异军突起,在白酒行业赢得了一席之地。分析"江小白",我们放眼的参照系不应该是白酒行业的格局。"江小白"在执行战略过程中,其入口当然是白酒行业格局,凭借成功的互联网营销手段,打着"情怀"标签的小瓶白酒成为白酒行业的后起之秀。但是在后续发展中,便遇到了瓶颈。情怀的过度消费、高端价格与低端口感的反差造成了人气滑坡。"江小白"虽然有小瓶酒的独特性,但这并不足以形成或者提高企业的核心竞争力,比如,郎酒也迅速推出了小瓶模式,并且取得较好收益。此时就会发现,"江小白"在众多小瓶酒里,突然没有什么优势。

当"江小白"走不出来的时候,定位必然出现了问题。定位不能局限于原本的行业结构中,"江小白"的突破点在于其是否可以重新改写自己所处的环境。

战略闭合：释放从当下穿透到未来的小趋势

企业遇到问题以后，如果战略还停留在一个固定不变的产业结构中去定位的话，企业的未来将举步维艰。

"战略大师也救不了自己的公司。"这是人们抨击迈克尔·波特战略过时的一句话，摩立特集团破产事件成为人们否定波特战略的主要论据。

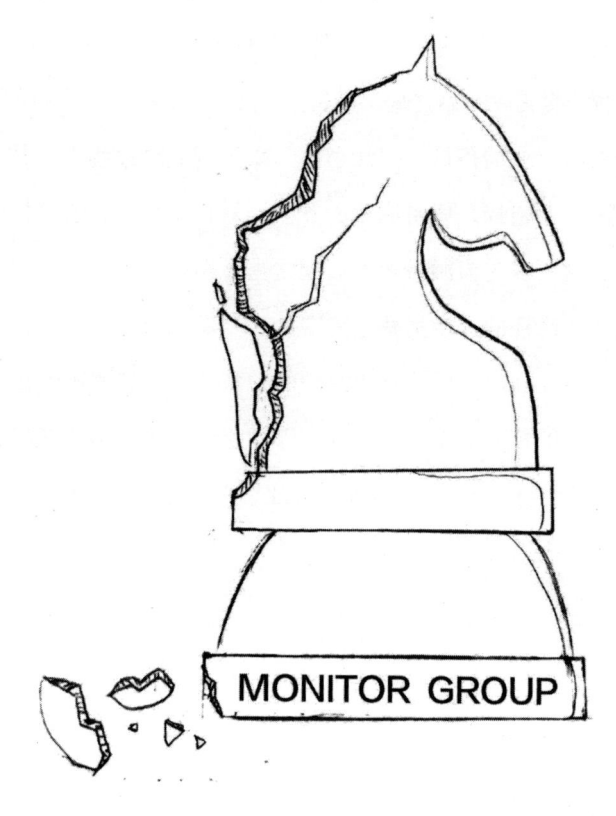

破产

第四部分 定位

2012年11月,摩立特集团向特拉华州联邦法院提出破产保护申请书。这一消息被传得沸沸扬扬,因为摩立特集团向来标榜以迈克尔·波特的战略思想为指导提供服务,并且迈克尔·波特正是其创始人之一。

从摩立特2008年经营困难到2012年破产这段时间,外界把批评与质疑的矛头对准波特。战略大师的公司都破产了,是不是正好证明了他的战略是错的?面对这样的声音,波特回应称,"我从来不曾为摩立特工作过。我参与创办、支持并鼓励他们,但我既没有位列董事会,也不曾任职管理层。"在他看来,已经倒闭的摩立特不失为一家优秀的公司,它失败的原因在于咨询行业变化带来的巨大压力以及自身反应"有一点慢"。

没有哪个时代是固定不变的,行业变化之迅速,往往决策者也难以应付。波特所谓的行业变化带来的巨大压力,主要是指战略咨询行业的整体市场空间连年缩小,给企业带来了发展困境,而且2008年国际金融危机也给企业带来压力。除了业务萎缩之外,摩立特还因为在2006至2008年间,接受利比亚前独裁者卡扎菲提供的300万美元,以协助他提升形象而遭到大量质疑。企业发展遭遇危机,企业形象同样不堪一击。2008年前后,摩立特管理层终于意识到了危机,试图通过全球化扩张走出困境,但增设的办公室并没有给企业带来更多的利润。

战略闭合：释放从当下穿透到未来的小趋势

所以出现了这样的情况：尽管迈克尔·波特所写的书畅销全球，但是很遗憾，他参与创办的公司倒闭了。我们认为，这并不是他分析的逻辑结构出现了问题，而是因为他的战略孤立并客体化审视环境，仍然局限于当下、基于目前的行业环境这一前提。

战略是在当下实现突破之后，努力去营造一个新的背景和环境。其关键在于：不管是企业本身，还是环境，在互动间各自都发生着变化，以此为前提，企业再来进行战略定位。

当然，要实现这样的突破很难。值得敬畏的是现在的企业家们，他们在不断变化的环境中打拼多年并生存了下来，对环境的感知和适应能力必然有其过人之处。每当我进驻企业进行咨询和调研时，都能非常清楚地认识到企业家对于环境的了解比我这个调研者要多得多。我能够帮助他们的地方非常有限，直接甩出"五力模型"绝对是空谈。

江南春最初在做楼宇广告的时候，也不知道能不能成功，只是一次尝试。他的战略成功点在于，能够立刻认识到这个偶然的尝试，并不是原本的一般广告业形态。江南春将这个常识归纳为广告行业的一个新的细分类别，叫作楼宇广告。随即抛出使命愿景，让大家相信这是一个围绕都市人群生活圈的新的广告媒体形式，从而重新界定一个行业。江南春成功的原因是楼宇广告的概念可以影响投资人，进而影响资本市场，快速兼并。

第四部分　定位

江南春的成功就是典型的在动态中形成定位。当他发现可以做楼宇广告之后，并不是回头分析传统广告行业的竞争环境与模式，然后点对点地制订相关策略，而是进行突破，创造了一个行业新业态。这才是支撑企业从当下通向未来的关键。

创新还能引领一个行业的崛起。例如"共享"潮的出现，各种各样的共享经济吸引了企业家的关注，共享教育也映入人们的眼帘。iTutorGroup的出现改变了在线学习的面貌，推动了在线教育的诞生。通过从全球范围内优选师资，以互联网为渠道向全世界的学生提供教育服务，它解决了教师规模化的难题，打造了全球第一个教育领域的共享经济模式。

其开创性的真人在线互动教学模式成为在线学习（E-learning）向在线教育（Online Education）转变的关键因素。学习者不用再对着枯燥的网络课件进行自学，而是拥有了和线下一样具有临场感的在线学习体验。今天，iTutorGroup成为全球最早应用人工智能实现个性化教学的在线教育企业之一。在经济高速发展的今天，共享经济、真人互动、人工智能，几乎都已经成为在线教育企业的"标准配置"。iTutorGroup的创新成就，不仅为自己赢得了发展先机，也给整个行业的发展带来了深远影响。

以前做战略完全停留在当下，做全方位的静态分析。而现在做战略首先要自我融入，就像苍蝇一样在环境中尝试着飞行，当突然

·143·

发现有一个出口时,快速抓住并且告诉别人这是一个新的存在。所以,定位的关键是与环境之间的互动和交互。这也是我所理解的战略艺术性的一面,并非理性地做优化。不破不立,在大家都不确定的情况下,可以率先找到一个点,同时快速释放给环境,让大家去相信这是一种新的存在。"五力模型"的局限性就在于太过于静态地去看企业的基本问题。

核心竞争力动态化

20世纪90年代,战略理论发生了重大转型,重心从外部转移到内部。即企业的绩效为什么会形成差异?我们去寻找这个差异的根源时发现:迈克尔·波特找到的根源在于行业结构。90年代出现核心竞争力思想,认为企业能在环境中持续存在,关键靠的是内在的禀赋、资源与能力。此观点着重强调纵然环境一直在发生变化,但是有的资源和能力一旦形成,就会成为企业恒久的生命力,支撑企业持续地在环境中获得竞争优势。

电信运营商铺设过的网络别人无法再进行铺设,天然形成的垄断可以释放高回报,这种就是核心资源。同理,不管环境发生怎样的变化，自己勤练内功，无论到了哪里都有用武之地。

有一位面试MBA的学生，以前从事营销工作，曾多次更换工作。现在他在从事语联网，即翻译工作，900个人的团队可以做出两三亿的收益。面试官问他为什么要报考MBA，他答道，最近正在考虑个人的转型与跳槽。面试官问他倘若转型必然会丢失现有的客户资源和人脉，这样选择是否划算？他认为，营销工作的客户需求是多样性的，今天能成功地将产品推销给客户，明天也可以在其他方面实现突破。正是由于拥有搞定大客户的能力，他自信不管走到哪里他都可以脱颖而出。

这也正是20世纪90年代战略转型的主要方向，即战略中最为关键的是内部的资源以及核心能力。在抛开机会导向之后，再来看战略的定位，就会非常容易地发现战略定位即我是谁。以此为导向找定位的企业在行业中的份额或许不是最多的，但是会牢牢地把控住其中一个核心环节，持续引领行业。

十年之前，我们经常讲一个案例——戴尔，它有一套自己非常独特的经营管理方式，称为"戴尔模式"，即电脑的直销定制，一直保持"零库存"状态。这里的"零库存"并非说它完全没有库存，而是将库存转移到供应商那里，完全按照消费者的需求进行定制。但如果完全复制"戴尔模式"是否能取得同样的成功？答案是，基本无法存活。因为戴尔是"戴尔模式"的原创者，这套模式已经在大家的心中固化，形成关联，客户想到定制必然首先想到戴尔。这种在消费者心里建立起来的印象是独有的，是其他人、其他企业无法复制的。正是这种具有独创性的核心能力，让戴尔在当年PC行业中独步天下。也正是因为有了像戴尔这样的成功案例，大家对核心竞争力主导企业通向未来的逻辑坚信不疑。

回到当下的互联网时代，微软、英特尔等巨头也陆续面临挑战，我们应该思考核心竞争力导向的定位模式是否依然绝对适用。为什么像微软这样的企业都可能不再适应互联网时代的发展？克里斯滕森在《创新者的窘境》中给出了解释。克里斯滕森认为，创新叫突破式的创新，往往优秀的大企业具备更强的创新能力，但是这个路径并非按照大企业所想当然的固化模式，而从另一个分支引出。

由此我们能够想到柯达的案例，这个案例最具讽刺意义的是，1975年，正是柯达率先发明了数码相机，最后也是数码相机颠覆了柯达，可谓自掘坟墓。濒临破产的柯达公司的专利库中，有上万个专利技术，按照核心竞争力理论来看，柯达掌握了核心技术，并率先发明了数码相机，应该是永远不会被淘汰的，然而事实并非如此。当时，柯达的总裁讲到，未来数码成像的趋势不可逆，但认为至少还有十年的时间，十年时间柯达足够完成转型，至少目前柯达仍然是一个非常优秀的企业。结果却是在发表这段讲话之后不到两年时间，柯达便走向破产。

第四部分 定位

技术发展之迅速,让柯达猝不及防。企业的核心竞争力能否长期保持在整个行业前列?我们在使用核心能力进行定位时,一定要将核心能力的定义动态化。其参照系必然不是固定不变的,一定是相对变化的。

考试成绩第一的学生,他所拥有的核心竞争力是考试能力,而这个能力与其成为未来的天之骄子是无法绝对画上等号的。在恢复高考之后所做的统计中,没有一个高考状元成为对社会生产具有巨大影响力的人物。一个企业能持续获得竞争优势的地方,不是由企业自身决定的,而是在企业与环境的不断互动中决定的。

并非关上门把自身修炼得足够优秀,就一定能在当下的环境中斩获竞争优势。大家会发现,到 21 世纪初,管理着重强调的不再是静态的资源,而是强调学习。核心能力是在动态的环境变化中不断适应环境变化的能力。

单纯用核心竞争力思想做战略定位也是行不通的。既然这样,战略定位究竟应该从何处开始?答案是,从当下开始。

2004 年 8 月,搜狐推出了旗下子公司搜狗。此举是为了增强搜狐网的搜索技能,于是搜狗主要经营搜狐公司的搜索业务,同时也推出了搜狗输入法和搜狗高速浏览器。

2010 年 8 月,搜狐与阿里巴巴宣布将分拆搜狗成立独立公司,引入战略投资。

战略闭合：释放从当下穿透到未来的小趋势

2013年9月，腾讯向搜狗注资4.48亿美元，腾讯旗下的腾讯搜搜业务和其他相关资产也一起并入搜狗，交易完成后腾讯随即获得搜狗完全摊薄后的36.5%股份，腾讯持股比例增加至40%左右。搜狗当即成为仅次于百度的中文搜索工具，实现了大飞跃。

取得了这样的成绩，搜狗的CEO王小川表示：搜狗的强劲增长证明了"输入法—浏览器—搜索"的三级火箭战略得到了市场验证。三级火箭战略的成功，搜狗从一个输入法品牌，蜕变成为一个拥有"客户端+云端"全能力的技术驱动型公司；从一个弱势搜索引擎，成为中国第二大搜索引擎公司，并且实现稳定盈利。

根据搜狗2019年第一季度的财报，截至3月31日，搜狗一季度实现营收2.53亿美元，同比增长2%。以人民币计算，搜狗这一季度实现营收17亿元人民币，同比增长8%。截至3月底，搜狗手机输入法日活跃用户数已达4.43亿，较一年前增加了23%。搜狗的搜索相关收入达到了15.8亿元人民币，同比增长13%。

很多中国企业的探索已经走在了理论的前端。大家可以看看当下中国最优秀的几家企业的战略究竟是怎样做的？它们是以怎样的思维对企业进行定位的？

阿里巴巴集团学术委员会主席曾鸣在概述阿里巴巴战略时，将其发展阶段划分为尝试期、成型期、扩张期。在他看来，战略尝试期，要让Vision浮现出来，最主要的是要试错，把核心思想拿出来

第四部分 定位

做实验,要试出最有价值的战略是什么?它的突破口又在哪里?战略成型期的核心是做减法,该砍的都要砍掉,团队要并起来,这个时候从上往下的执行力非常重要。到了战略扩张期,大部分都是在讲需要聚焦,需要执行力,战略目标怎么分解、分解之后怎么快速地拿出结果。

曾鸣在联想之星创业 CEO 特训班第九期的演讲中谈道:"要明确战略,大舍大得,核心就是在战略越来越明确的过程中,你要敢于做选择,不舍不得。聚焦资源,大赌大赢。我提出的时候很多人不太同意,这个赌不是赌博的赌,这个赌是当你真正看到战略方向的时候,你有没有把你的资源都压上去。很多时候公司的行动都慢于你的战略判断,因为资源会有惯性,它会锁在原来的地方。百折不挠,大拙大巧。关键的时候你能赌上去,这都是长期组织的积累,战略上的巧劲来源于战术上的勤奋,及组织上和文化上的保障,你能'成建制'整团队。"

战略的重要性不言而喻。

在大众创业、万众创新的时代,中国正在努力成为新的全球科技创新中心。其中,在某些国际竞争激烈的行业,企业主导推动的创新尤其迫切,诸如电信、电子以及其他高科技制造业,不少中国科技企业已经走向全球化运营,也开始了全球范围内的创新布局,纷纷在国外设立研发机构。

战略闭合：释放从当下穿透到未来的小趋势

　　华为一直被认为是为数不多的在研发投入上能和国际科技巨头相媲美，甚至在技术和专利等方面位居世界第一的中国企业。《麻省理工科技评论》发布了2019年"50家聪明的公司"（TR50）榜单，华为因其推出全球首款全频段5G芯片Balong 5000入围其中。在当天的颁奖典礼上，华为战略研究院院长徐文伟发表了题为《创新领航，推动世界进步》的演讲，详细阐释了这样的技术突破背后华为的创新观念和实践。

　　综上所述，定位是战略的核心，不管出发点是外部环境还是内部能力，关键在于需要以动态的观点去实现这个定位匹配。过于理性计算式地得到一个关于企业的战略，在当下快速变化的环境中是有问题的。

环境交互思维

　　企业是有生命力的活体，战略的本质目的是维系一个有价值的活体在环境中持续存在。存在是在动态中保持一种平衡与和谐。战略定位不是在外部环境的条件下，去划定企业的最终目标与结果，更多的是维系这个存在本身，实现从当下到未来。

第四部分 定位

以前大多数人都认为企业的管理内容全是确定的，我们将所有的不确定放置在环境之中。现在则是需要将这个不确定性内化，根植于企业内部，使企业活跃起来，与时俱进。当企业与环境之间的互动融为一体的时候，就会形成一种巨大的能量。换句话说，战略之前关注的重点更加偏向理性，现在企业需要将其下沉落地，调动企业底层内在的自我反应。

中国大多数学生从小学便开始学习英文，十几年过去了，英文仍无法出口成章，就是因为这个学习过程没有持续与环境形成交互。但当我们置于英文交流的环境中，周围每一个人都在说英文的时候，环境迫使我们快速释放出潜力，甚至半年时间就能使我们的英文水平突飞猛进。战略也一样，方向当然需要，但更重要的是去调动适应动态环境中的潜能。

我们往往认为自己非常能干，只要是我们自己抛出的东西，我们都能将它接住。这样的能力对战略来说相对低端，而真正厉害之处是在你毫无防备之下，有人突然向你扔来一个东西的时候，你是如何将其接住的。

这样的情况存在许多不确定性，必然不是简单地理性规划的过程。战略的实质是让大家置身于这个不确定的环境中，快速接住抛来的各种物品，从而潜移默化地去适应这个环境，这才是战略中最强大的力量。战略最后形成的关键并不在于企业和人本身，而是由

战略闭合：释放从当下穿透到未来的小趋势

企业和环境的力量共同主宰和实现的。

如果我们关上门窗独自思考战略的制订，还不如简单地将自己放置到企业和环境中，通过不断互动得到激发，如此获取的力量更加强大。反之，如果我们发现在制订战略无法清晰把握未来企业发展方向时，大家一定不要过分强求找到这个所谓清晰的方向。不如学习任正非的思考方式，大致确定方向即可。

失败是成功之母。华为自从成立以来，就一直在不停地犯错。当年做无线时踩错点，错过了CDMA网络，错过了小灵通……看上去什么热点都没赶上，但华为有失有得，错过了趋势，大方向却始终没错。任正非说，过去的三十年，华为抓紧了全球信息产业发展的大机会，享受了低成本的红利；未来将是赢者通吃，华为必须成为头部领导型企业。通过技术进步，才能享受创新的红利，这必须依靠科学家去完成。毫无疑问，创新是有代价的，必须把自己置于风险中。在科研上的投入和产出未必能成正比，但在任正非看来，今天的华为，已经是拥有19万多员工的庞大队伍，需要科学家仰望星空，用思想去引领，如果没有方向、没有思想，公司就会溃不成军。

把握企业的未来发展方向，关键在于，调动企业内部更多的活跃力量，不断实现反馈和交互。现在很多CEO都是通过演讲影响别人，在互动过程中成功完成战略制订。

最近在网上看到一个堵车的视频，较为清晰地反映了战略思想，

第四部分　定位

让我感触较深。视频里，当十字路口绿灯开始亮起，等待的车辆一辆一辆地启动，缓慢通过十字路口，轮到某辆车快要通过的时候，红灯又再次亮起。假如当绿灯亮起的瞬间，所有等待的车辆同时启动，那么通过十字路口的车辆可能会多一些。所以更多车辆通过十字路口的关键在于，车与车之间的关系协调。

在我看来，以前谈战略往往会强调企业顶层的重要性。犹如堵车视频中提到的红绿灯一样，人们很容易直观地将问题的出现归结于这个顶层。而视频里提到的车与车之间的关系协调，犹如战略所释放出足够的空间，让每一个参与的人都能快速响应。战略的关键并不在于有多少个红绿灯，真正的核心在于，给出一个协调的空间，使每一个驾驶员、每一辆车都能和谐地活跃。

以前的模式总是从企业最高层开始，单纯地进行战略制订、执行与调整。当信息时代所有需求变得不确定的时候，我们单纯地进行最高层的战略制订便会不切实际，恐怕很难与环境保持和谐、互动。

学习战略管理，并非是学习到一套理论就可以马上运用于企业实践，真正的关键点在于，给予大家一套思维方式。在一个活跃的企业中，大家可以快速抓住和释放一些存在，不仅仅是企业高层、企业中层，甚至基层，都可获取和应用。尤其是现在的企业都在积极响应与环境之间的关系，此情形下的战略对于企业中的每一位员工，无一例外都是有作用的。

■■ 战略闭合：释放从当下穿透到未来的小趋势

方向大致正确

工业时代有许多成功的企业，沃尔玛就是其中一个。它的定位非常明确，即寻求全球市场规模化的覆盖。从20世纪70年代信息化到80年代发射通信卫星，沃尔玛使整个采购与销售环节的数据全球同步。

但时代背景已经发生了变化，在调研尚品宅配时，他们的负责人给一群研究管理的大学老师提出一个问题：尚品宅配的业务层战略究竟是成本领先，还是差异化？战略老师们的观点出现了分歧，有观点认为，尚品宅配的家具产销模式属于差异化，明显区别于传统家具行业中的企业。也有观点认为，尚品宅配通过前端定制完成后台的成本领先，数据库支撑的是一个标准化、规模化的工厂，当然应该属于成本领先。之所以会出现分歧，原因在于承载价值的方式不再是线性的产品模式。在与客户群体交互的过程中，当客户将住房的基本情况以及自身个人的爱好传递给商家时，就完成了一次数据的交互，持续的交互形成了数据库。

当企业承载价值的方式是连接交互，就很难再非A即B地去定义业务层战略。腾讯有一款非常火爆的游戏——《王者荣耀》,在对《王者荣耀》进行战略分析的时候,我们发现单纯用差异化或者成本领先去定义实在过于牵强。

就拿《王者荣耀》这款竞技类手游来说,它从上线以来一直广受玩家们的热爱。数据显示,《王者荣耀》2018年一年在全球的总收入达到19.3亿美元,雄踞腾讯全年收入最高的游戏和最火爆的IP之一。那么《王者荣耀》的成功来源于什么?

《王者荣耀》的背后制作团队为了吸引和留住用户,始终秉持着制作精品的理念和长线运作的思路,诚意十足。他们探索出了游戏行业最有推动力的三个领域:故事、玩法和技术。这种另辟蹊径的做法在现在看来显然是极为正确的,为《王者荣耀》开辟了广阔的市场。

制作团队高瞻远瞩,在把握游戏行业整体进展的前提下,还不断地在探索创新,更多地横向拓展业务,同时还非常积极地用玩法来推动游戏的发展,不断填充血肉,拓展业务版图。让游戏不仅仅是游戏,而是一个有着完整世界观的虚拟世界,给了玩家极佳的体验。游戏团队积极地顺应世界趋势,比较高效地更新游戏玩法,还不忘记细分市场,精准触达玩家,在不同的品类上开拓新的市场,给玩家新的刺激。除此之外,还形成了游戏文化,将游戏产品与文化产品有效地结合在一起,有了文化传递,加强了玩家群体的稳定性。

战略闭合：释放从当下穿透到未来的小趋势

这种最高形式的文化模式，在一定程度上也符合大部分玩家的情感诉求，吸引了更多的新老用户。

《王者荣耀》的成功显然离不开背后制作团队的精心耕耘，制作团队在制作过程中的深度思考和讨论，以及他们看得准、投入狠的策略极大地推动了腾讯游戏业的进一步发展。

那么这些应当算是差异化还是成本领先呢？这样的定位未免太过狭隘。

定位是战略管理的核心，但为什么像联想、百度这些企业都出现了定位迷失的情况？问题在于，当企业发现定位出现问题的时候，需要不断加以调整，但环境变化太快，企业在调整的过程中就会变得越来越迷茫。

在工业时代，谈到企业的商业模式落地，一定要在业务层面体现出它们的产品价值，通过差异化或者大批量生产降低成本来获得价值空间。假设企业所处的环境和行业相对稳定，那么企业的定位是静态的。

静态的定位方式在20世纪非常流行，得益于那时的行业基本稳定。但是在互联网时代，定位方式是动态的、变化的。

邓德隆是特劳特中国区合伙人。在谈到瓜子二手车直卖网的经营之道时，他强调定位是一个动态的过程。定位就是在市场竞争中确定自己的优势位置，找到自己的优势才能更好地发挥优势。企业跑得越快，竞争环境也会变化得越快。一方面，企业的成长使得竞争态势发生了变化。另一方面，因为企业成长得快，竞争对手就会不断想办法来应对。此消彼长，这是一个动态发展的过程，企业必须因时而动，及时调整定位以确保能够针对竞争确立优势位置，立于不败之地。当企业重新定位时，企业战略资源的调配也应该做出相应调整。

在这样一个瞬息万变的时代，企业在不断发展，竞争也愈加激烈，行业里的每个选手都在不断地提高竞争力，力争自己的份额。邓德隆提出，我们在制订企业战略时，必须考虑两大因素：首先是品牌发展的阶段。阶段不同，所制订的战略也不一样。其次是竞争的变化。当竞争发展到一定程度，竞争的性质会发生变化。因此，必须根据竞争适时做出调整，确保企业始终处于优势位置，这样才能确保企业高速成长的同时也能守住这个位置，不被其他企业颠覆。

前几年电商大火，大家都纷纷投往电商行业，可还没有完全摸清楚门道的时候，市场又提出电商新零售了。所以动态的定位方式千变万化，企业很难精确判断，正如任正非所说，方向只要大致正确就行了。

战略闭合：释放从当下穿透到未来的小趋势

以不变应万变

虽然变化很快，但是战略还需要凝练出一些不变的规律，才能达到以不变应万变的效果。拿"老干妈"的例子来说，老干妈既不进入资本市场，也不通过银行贷款，它在经营过程中一直坚持并且能够存活下来的就是产品。所以，现在"老干妈"的大部分业务是通过现金交易的方式来完成的。这就是"老干妈"在持续发展中凝练出的不变，也是我们所说的以不变应万变。

现在我们所说的以不变应万变，就是创始人团队所凝练出的一种文化和理念。

再说《王者荣耀》，《王者荣耀》的业务层战略究竟应该从哪个角度出发去分析？这类竞技类的游戏在PC端最早比较火的就是《DOTA》，还有《英雄联盟》。腾讯借助自己强大的用户端窗口，占据中国绝大部分人口的社交平台，再借助此类游戏在PC端的成功模式，将其移植在手机端，通过用户体验之后的分享达到逐步扩散开来的效果，大家会在茶余饭后不经意间聊到《王者荣耀》。总之，《王者荣耀》能获得成功的最大因素就在于，企业内部汇集了一群能力突出、充满活力的游戏开发者，同时外部有《英雄联盟》等成功的同类型游戏。腾讯将自身与环境视作一种交互关系。放置在环境中体现出的是，游戏只是一个达到实现社交目的的依托。《王者荣耀》仍然需要战略定位，但这个定位更多的是一种尝试，而不再是一种绝对的逻辑演绎。

在复杂的市场竞争中，想要依靠看上去缺乏活性的"不变"来谋取一席之地，几乎是不太可能的，但我们要清楚地认识这里"不变"的是什么？

外观上看起来非常"稳定平庸"的小米手机不断被网友吐槽。2018年年末，甚至还有媒体和网友批评小米，称"小米没有创新""没有惊艳的感觉""一味模仿""固步自封"等，甚至还有许多用户在创始人雷军的微博底下留言"小米是没有创新的公司"。

小米出产的手机，从红米Note5、小米MIX2S到小米8系列，再到小米MIX3，外观确实没有多大进步，大都是刘海屏或上下对称式设计，背后基本是指纹加左侧竖排双摄。而看看其他的手机品牌，水滴屏、升降式镜头……不断搞出新花样，种类繁多。在这种对比之下，小米似乎更显得"缺乏新意"了。

用户的要求很高，或许是期望太高的缘故，毕竟小米曾经是行业中的创新领跑者。早在2011年，小米就有了可以发语音消息的米聊，在安卓系统本地优化还不是很彻底时，它就已经推出了MIUI。

战略闭合：释放从当下穿透到未来的小趋势

它的高性价比也一直为"米粉"所热爱，前三代小米手机搭载了双核与四核处理器，屏幕分辨率1920×1080像素，后置1300万摄像头，售价还不到2000元人民币。同时小米还面向中端市场推出红米手机，饥饿营销玩得风生水起，后来中国的手机市场都向着物美价廉的方向发展，不能不说小米起到了重要的作用，不仅自己得到了发展，还带动了产业的进步。

在这之后，互联网行业做手机几乎成为标配，乐视、360、美图、锤子、一加、努比亚，各种品牌纷纷踏入这一领域。不只华为异军突起，还有OPPO和vivo，依靠成功的营销聚拢了一大批用户。僧多粥少，小米的路开始变得有些艰难。

如今手机的发展方向其实已然定型：屏幕越来越大、内存越来越高、摄像头愈加清晰，外观上的创新有滑盖、双屏、水滴屏之类。这些"变化"其实都不是实质的变化，就像苹果，也是被批"没有创新"，甚至被网友批评"不但没有进步，还在倒退""乔布斯之后的苹果完了"，但是其性能一如既往地保持稳定高效。在当下的智能手机行业中，一款手机的花样太多，后续服务却基本上都难以跟进，而小米配套的后续服务做得十分优秀，哪怕是三四年之前的机型现在依然可以升级。或许正是因为它在技术和服务方面投入了更多，所以小米在肉眼看得见的"创新"之处就显得比较薄弱了。

小米手机的外观看似"不变"，但在"微创新"方面成效卓然。

比如全球首发的彩色陶瓷材质和双频GPS，它们更加贴近用户的日常使用；在新零售思维和智能家居系统方面，小米也有所收获。2019年，小米在北京斥资52亿元人民币买了八栋楼，建造小米科技园，这似乎是一个新的开始，小米未来在科技创新上或许会有更大的"变化"。

以不变应万变，需要坚持不变的是对产品质量的追求和对用户负责的态度，企业的初心绝不能变；而不得不变的是在经过对市场的分析和对企业自身定位后释放的小趋势，努力探索实现的创新进步，以适应市场的"万变"。

第五部分　活性

　　企业发展就像一场接力，每个参与者都要在动态闭合中完成接力棒的传递。

——题记

　　前面已经讲了战略的四个关键词：存在、价值、转型、定位，接下来将要给大家分享的是与战略相关的另一个关键词——活性。

　　战略管理不仅是要制订方向，激发企业的活性也同样重要。如何激发企业的活性？职能层闭合系统的建立显得尤为重要，短暂的混乱没有关系，关键是要始终保持内部活性的绽放。如果企业规模较大，可让一个小团队先行尝试，这个过程需要通过前面提到的四个维度，即效率、创新、内部价值突破、外部环境承接的循环作用。企业各部门之间保持积极的协调与配合，让内部充满活性，不断涌现出新的状态。

战略闭合：释放从当下穿透到未来的小趋势

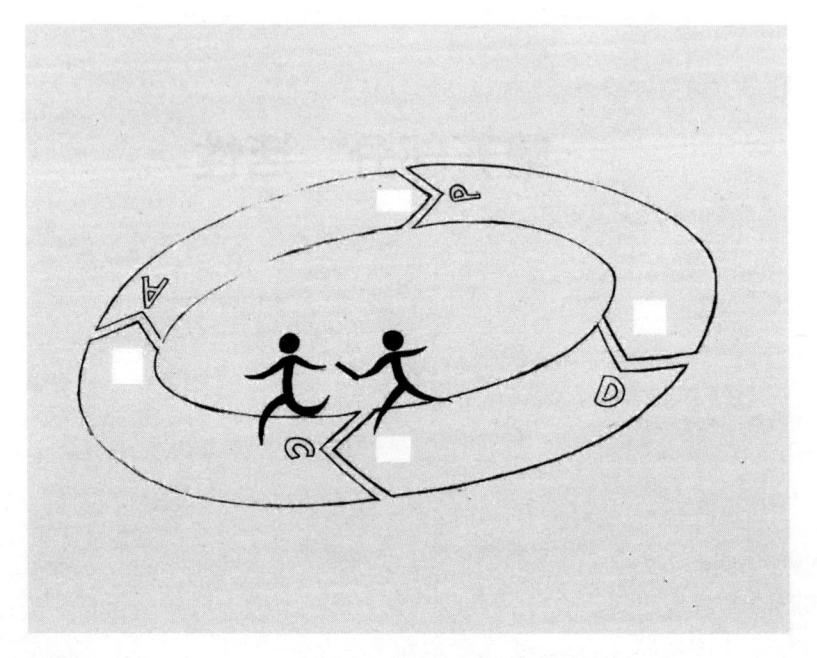

接力

第十一章
认识活性

　　前面举过都江堰水利工程的例子，其核心思想是"疏"与"导"。都江堰水利工程同其他水利工程相比的神奇之处，是它利用水的能量，没有让水停下来。不管上游岷江的水流多么凶险湍急，只要经过都江堰就会被分流、淘泥沙和灌溉。这才是一个优秀企业的"道法自然"，它最能诠释活性。什么是活性？活性就好比是人的身体在不断地进行新陈代谢、排除体内旧东西而释放出新东西。在一个快速变化的时代，企业并非规模越大、资产越多，管理就越出色，关键是企业有没有一个良性与活跃的循环。

　　提到都江堰时，人们会自然而然地想到李冰父子，但往往会忽略历朝历代为它能一直发挥作用而无私奉献的官员们。每年疏导泥沙的工作都必不可少，作为有生命力的工程，需要不断与自然环境实现交互才能始终保持活力。战略正需要营造出这种活性，永远不简单机械化的"一劳永逸"。

战略闭合：释放从当下穿透到未来的小趋势

活性与用户

诺基亚就是一个失去活性的典型例子。哪怕是到了今天，诺基亚手机的稳定性和耐用性都有口皆碑，它出厂的手机返修率仍低于竞争对手。但遗憾的是，质量稳定和经久耐用并没有让诺基亚坚守住它需要的市场份额。在经济水平越来越高的时代，人们对手机的消费需求早已不局限于持久耐用，而是要紧随潮流更新换代。手机也成为人们追求时尚的商品，是介于快速消费品和耐用消费品之间的电子产品。光靠"可以砸核桃"的过硬质量，诺基亚终究守不住日新月异的市场。

今天活跃着的大多数当红手机品牌都有着较快的更新速度，不管是苹果还是华为、小米，都拥有一大批"粉丝"守着新品发售会抢新款。时年更迭，新旧换代。有调查显示，手机的换代周期只有18个月，尤其是紧跟潮流、追逐明星偶像的年轻用户，更换手机更是频繁。

质量可靠只是年轻人选择手机时的一个参考因素，在今天的市场上，一部质量好到可以用十年的手机或许还不如一部外观好看、功能较多的手机受欢迎，毕竟现在一部手机用十年的人比较稀少。质量的稳定可靠只是消费者选择产品时考虑的因素之一，绝非全部，耐用性和返修率这些质量要素甚至成不了消费者考虑的首选。质量难以承载用户活性的需求。诺基亚质量稳定这一卖点，很难持续黏附住有活力的年轻用户。

苹果公司CEO蒂姆·库克谈及诺基亚时说："不创新必然带来消亡。"诺基亚就是一个因为缺乏持续创新而走上衰落之路的案例，尽管它曾经成绩辉煌，在全球的市场份额中都占有绝对的主导地位。在用户需求变幻莫测的时代背景下，想要依靠自身的固定优势而无视创新的重要性，一劳永逸的想法只是空中楼阁。用户在变，企业必须随之而变，企业变化应该紧紧锁定用户变化。换言之，用户本身就是企业活性的源头。

活性与环境交互

活性也表现在企业顺应自然与环境的过程。在动物的世界里，狼在追捕猎物的时候，非常狡黠，它很擅长利用环境条件，比如巧妙地利用地形优势，把猎物赶到坡度比较大的上坡，而自己选择平缓的下坡，顺势而为，斜着冲向猎物，这样更加省力，也更迅速。这样精准的捕猎动作，成功率极高，它们来自哪里？与环境交互产生的力量，这是狼的活性。

蜈蚣有很多条腿，非常自如地行走。你觉得很神奇，喊住行走中的蜈蚣：

"蜈蚣，你走路到底先迈出哪一条腿？"

蜈蚣停下来，开始思考你的问题——

蜈蚣不会走路了，因为它反复地想：先动哪一条呢？接下来是哪一条？然后，再接下来……

蜈蚣根本不需要想。接住与环境交互的力量，活性带给它神奇的技巧，那么多条腿就自然地、协调地动起来。

我给学生分享过学游泳的例子。下水之前教练反复地教你动作，形成机械性的记忆。但只有动作练习是学不会的，教练一定会把你扔到水里去。当你进入水中的一刹那，你能非常镇定地回忆教练教的动作吗？一般不会，在一个完全不同的生存环境中，你的基本反应是挣扎，不喝水，不往下沉……很快，一个神奇的事情发生了，你不往下掉了，你浮起来了。其实每一个人学会游泳的途径都是不一样的，每一个人都在与环境的剧烈交互中找到了诀窍，绽放了活性。

联想到企业，企业在发展中也要经历与环境的交互，绽放企业

第五部分　活性

独特的活性。社会环境、政策环境、生态环境……无一可忽视，都需要企业去面对和拥抱。活性就是来自企业与环境的交互过程。

从职能系统中寻找活性

现在许多的学生问我，信息系统与大数据、云和人工智能之间究竟有何区别。学过管理信息系统的学生应该知道，所谓的"客户—服务器"模式一定是有一个大的服务器，每一个终端围绕核心服务转。云又可称为分布式计算，是分布到每一个互联网节点参与的快速计算。一台小米的人工智能音箱，能讲故事、讲课，它所依靠的就是分布式的力量，就像网络直播一样，每一个人都能够成为核心、成为明星。

可能分布式产生的效率就比集中式更高，但这不是重点。它将潜在的互联网时代赋予的智慧力量释放出来，产生了活性。具体来说，职能层的每一个人都是智能体，大家在保持一定独立性的基础上，相互协作、相互碰撞，产生新的火花与能量。

这个时代的新动力不再依赖传统的大机器整体性的设计与运转，而是源自每一个人、每一个个体的活跃。互联网公司为什么有那么强大的力量？这里面有一种基本的力量，许多的不相关主体加入、参与进来，形成涌动甚至是爆发。

再说到前面讲到的一个关键词——价值。以前提旅游价值的时候，那一定就是我们能够获得的旅游带来的享受。但现在我们旅游不仅是自己享受其中的快感，我们还时常会发朋友圈，也让别人能够分享自己的快乐。在这其中，品质承载的价值方式已然发生了重大的变化。以前它是由产品进行固化的，产品质量好我们就可以称之为品质高。但这种固化在现在社会已经无法完全承载品质的价值了，就像发朋友圈获得更多的点赞一样，品质转移到人与人和环境之间的互动中了。如果说企业还是采用统一的、标准的流水线进行作业的话，那绝对无法实现价值。就像海底捞一样，我们感受到的价值绝对不完全是火锅的口感，而是海底捞每一位员工的愉悦和高质量的服务。

再说到创新。华为的创新观点非常简单易懂，每个人都很活跃就能创新。只要每一个人都能够获得不一样的感知，就一定会有新的思维观点得以涌现。我们以前往往会认为更大企业的创新能力往往更加强大，因为大的企业可以集中资源，可以推动商业模式的变革，现在则不全是这样。现在有一种创新方式称为开放式创新，需要企业更为广泛地去聚集力量，绝对远强于企业封闭起来自我研发。与此同时，创新绝对不是一种线性结构而是并行结构，它需要

第五部分　活性

分布在各个职能层面的有机"协调"。所以在职能层承接战略，关键就是强调"协调"二字，强调在职能层与环境的互动中所产生的创新活力。

再说到外部与环境的互动，在以前，当提到与环境互动的时候，企业第一时间想到的往往是企业的营销部门和服务部门。现在企业强调的是开放式，就是消费者会参与到企业各职能部门的各个环节。之前叫作定制，现在叫作用户参与制造和设计。在环境变化如此之快的情况下，我们所要思考的是企业中的每一个节点是否在与环境的互动中始终可以保持活跃。

就像前面给大家提到的"江小白"的案例一样，"江小白"抓住的是一部分人群，将这部分人群喝情怀酒的愿望释放出来，从而产生活跃。这种逐步活跃的粉丝黏附是很难模仿的，这是新的壁垒。现在许多影视明星的生存根基就来自粉丝和人群。在互联网时代，企业已经与客户融为一体，商家与客户间的界限正在逐步模糊。

我带着儿子前往上海的迪士尼，一个项目我们排队就排了三个小时。在那个时候为什么会耐心地排队呢？因为我们反复地告诉自己："我是消费者，这个排队的付出是消费的付出，是可以接受的。"

我辅导过一家制造型企业，该企业希望通过服务来拓展传统制造行业的价值空间，而其原本的组织架构和活动流程是与生产紧密相关的，是推式的。现在企业把重点转移到服务以后，起点不再是产品而是用户，变成拉式的流程，这与企业原本的内部构造产生了冲突，很多问题无法协调。

但是，无法协调并不意味着要放弃变化。出现问题没有关系，这正好是转型的动力。只要企业内部职能系统不断释放活性，企业很容易在转型中走出新的道路。

从业务定位中寻找活性

职能层战略讲企业内部转型，业务层战略又如何呢？一般来说，企业有两个基本维持业务层战略的竞争力，即差异化与成本领先，这是大家所熟悉的迈克尔·波特提出的。他告诉我们的是，在业务板块有非A即B的两个选择。而我想告诉大家的是，当我们使用差异化或者成本领先战略的时候，一定要明晰这两个业务层战略产生的前提与背景。

工业时代之所以能清晰划分差异化与成本领先，是因为产品本身承载了全部价值。现在的大量文章在解释互联网战略的时候，往往是成本领先与差异化兼顾。但是在这个时代，很多时候成本领先与差异化两者是冲突的，鱼和熊掌不可兼得，只能取其一。迈克

第五部分 活性

尔·波特赠予我们一个词叫作"取舍",要懂得如何权衡舍与得。企业不能既讲差异化又说成本领先。他讲过最有名的案例是美国的西南航空。该企业在传统的航空市场做出了一个定位,即只做支线,全部使用波音737来降低成本,减少一切烦琐流程,成本很低,价格公道。在美国航空业整体不景气的情况下,西南航空脱颖而出,盈利状态保持了很多年。与此同时,美国另外一家航空公司——大陆航空公司,则提出,一部分业务完全复制西南航空的战略方式,另外一部分业务则体现出服务的差异化,但是这两者置于同一家企业时,发生了冲突,消费者摸不清大陆航空公司的套路。所以在工业时代背景下,用产品承载价值的战略取向的企业,要么选择成本领先,要么选择差异化。

在工业时代,一个企业创造、承载以及使用价值的载体是产品,所以每个产品都有其特有的产品价值属性。如今,这个大背景已经产生了巨大变化,传递价值的方式不仅只是通过狭窄的产品渠道。如果企业仍然紧紧盯住差异化和成本领先两个方面,是无法承载当今时代的业务层战略的。以前购买衣服的时候,我们相信品牌,认为大品牌代表质量好、价值高。现在更多的却是依靠用户评价和网红推荐。这表明,差异化与成本领先并没有那么绝对化了,现在价值的承载方式已经发生变化,人与人之间的交互与认可才是最佳匹配。

战略闭合：释放从当下穿透到未来的小趋势

就拿电影行业来说，一部电影的卖座并不绝对是由电影本身决定的，除去电影本身之外，还有一种人与人之间口碑的传播。这是业务闭环中用户的参与，它所带来的活性成为业务层战略的新动能。这一点在影视剧行业的"自来水"现象中体现得淋漓尽致。

影视剧"自来水"源于《战狼2》，因为电影剧情和内容大赞，很多网友自发为电影宣传，心甘情愿当"水军"。这部叫好又叫座的电影最终打破票房纪录，成为首部进入全球票房前100名的华语电影。在我看来，《战狼2》成功的原因主要在于，它就像一根导火索，点燃了中国人的激情，成为每个人茶余饭后讨论的热点，形成网络"自来水"自发宣传，达到了影响身边人的效果。这个时候我们再去分析《战狼2》取得成功的原因，究竟是源于成本领先还是差异化就很难说了。

第十二章
释放活性

战略需要主体性地融入，在反复尝试中努力将其做活。现在已经没有绝对的差异化或是成本领先了。从华为战略中我们可以看出，当下的情况是允许出现偏差的，关键在于过程中的活跃。现在的企业战略是一个复杂可改变的系统，需要不断接收反馈，适时进行调整。

在当今时代背景下，战略不再像工业时代那么直接、理性了。就拿微信来说，我们都知道微信出自腾讯公司之手，微信的首创者张小龙之所以选择依托腾讯而非单独发展，就是因为微信的发展需要腾讯的用户平台。

战略闭合：释放从当下穿透到未来的小趋势

保持内部活性

以前我们将不确定性放在市场，而现在管理已经将不确定性内化。正是有了这个内化的过程，才能实现内部活性，更好地实现与环境之间的互动，从而适应时代的变化。就像前面提到的伊藤，想要转型成功，关键在于保持活性，不断产生新的东西。

战略需要定位是为了维持一个主体的存在性，保持主体的活性，将企业从当下带到未来。现阶段维持企业活性的重要性在联想和百度的身上展现得淋漓尽致，它们正在缺乏内部活性的危机中寻求突破。

我们现在回过头看联想的发展历程，可以大致将其分为两个阶段。首先是快速拓展阶段。在 PC 时代，从一个中国本土的 PC 厂商成长为全球覆盖的 PC 跨国企业，甚至跻身世界销量第一，这与联想集团创始人柳传志当时的战略定位方向基本契合。

其次是缓慢转型阶段。随着移动互联网兴起，联想的成本领先战略优势逐渐消失，引进与复制 PC 行业中成功商业模式，并没有助推联想的持续商业突破。企业内部活力涌现不够，这种制约是根本

第五部分　活性

性的。从柳传志过渡到杨元庆，联想的转型总体上是落后于时代步伐的，错过了移动互联网的历史机遇。事实证明，企业要顺应一个新的时代变化，其战略的重心就在于保持内部活性。

百度同样没有好到哪里去，企业内部不断传出管理问题。不少人在网上吐槽公司的晋升机制，如员工想要晋升，全靠一年一度的职级评审、汇报PPT，部门并不关注实际的量化数字。也有人指责其考核制度的不合理，产品化和商业化能力太弱，等等。尤其在莆田系医院事件后，百度的企业文化和企业形象更是令人唏嘘。我们知道，如果企业内部缺乏活性，势必会使企业的发展步履艰难。如何焕发企业主体的活性？这是企业家们需要深度研究的问题。

学习MBA课程的目的并不是运用一大堆理论解释企业的现象，我们需要一种思维获取，能穿透现象给实践带来新的贡献，千万不要用概念系统去武装自己，而是有更多企业管理者能够听懂的语言，这个语言必然要有自己思维的注入。

业务层战略的关键是与环境互动。书本上提到的更多是业务层战略与产业的互动，而现在不一定要强调产业了。因为产业的边界正在模糊和逐步瓦解，所以我将其修改为业务层战略与环境的互动性。简而言之，就是没有一劳永逸的业务层战略，企业一定要关注所处环境发生的变化，业务层战略也应随之调整，从而保持业务层

战略闭合：释放从当下穿透到未来的小趋势

战略持续的活力。不管是企业还是产业环境都有发展周期，初创期的企业就像新的种子一样，充满活力，快速成长之后会到达成熟期，战略同样需要着重关注成熟期之后企业的发展。对于现在风头正劲的阿里巴巴、腾讯、华为，谁都无法准确预测它们成熟期之后的发展情况。

在15年前，谁也不会料到有人能去挑战微软。企业既然是时代的产物，就不会逃过时代变化所带来的宿命。行业也有发展周期，战略管理需要进行不断的调整，这个过程可以形象地形容为每年一个小的梳理，几年之后就需要大的修理，这样与时俱进才能不断保持活性。我敢断定，现在肯定没有诸如制订20年战略的说法了，有的只会是一个大致的方向，充分考虑变化，10年之后再看阿里巴巴，或许我们会对这个变化的过程理解得更为透彻。如果用静态的观点去看问题，必然落后于时代，落后于变化。

触发活性最小单元

现在，许多中国企业的发展已经走到了管理理论的前端。传统管理学理论已经无法解释其发展现状。这也是目前许多战略学者在

第五部分　活性

加紧研究的问题，希望形成一套完备的理论来诠释目前中国企业战略管理的发展。他们在管理前沿率先了解到固定的产业边界逐渐消失，很多时候，一个企业在不经意间的尝试就能创立一种商业模式，抑或是在发展转型中走的一条道路就会成为一个新的行业。

当今时代，企业与行业环境互动的频率和深度已大大加强。在不停地互动中，大家不断提出各种新的想法。以前我们做一个项目，目的就是希望将其规模发展壮大，如开更多的加盟店。这样的整合方式更多地出现在工业时代，连锁输出模式的目标就是实现规模效应。现在很多人将其移植到互联网时代，希望将这种能量释放到互联网时代下的行业，但难度是非常高的。

有学生做过一个项目，叫作"一手修"，通过互联网平台为社区用户提供维修服务，平台资源是分布在各个小区小店中的维修师傅。但资源分布过于零碎，整合难度很高，很难找到一个平衡点去持续支撑其运转。

在创新过程中，重要的是需要形成"最小价值活体"，它是活性的最小单元，即活性原生态。企业要实现运转和收益，逐渐实现平衡和吸附，这种力量才是企业最强大的突破之力。因为所有新创企业不可能个个像腾讯那样有强大用户群的铺垫。

我们需要萌芽，即创业者的新基因。而萌芽出现的前提是要有

战略闭合：释放从当下穿透到未来的小趋势

适合的土壤，土壤的出处就是新的价值空间，特别是年轻创业者，一定要拓展思维，拓展对价值维度的理解。创业，实际上就是创造活性。是一个从无到有、从0到1的创生过程。创造才是创业本质的思维范式。

创业不是狭义上的做新企业。一个成熟企业也贯穿着很多创新的新业态、新单元。总之，创业是释放小趋势，把不确定性的东西化成一种存在。

在一场关于研究生创业的活动中，有一位女生提出，她要从事安防行业，下面的评委们都不禁发出笑声。为什么呢？因为评委们一致认为这个行业不应该是现在90后关注的行业。不是想法有误或者技术不行，而是这个行业已经比较成熟，新的创业者在没有关系网的支持下很难突破，这也是该女生没有考虑到的方面。

作为这个时代的创业者，尤其是年轻创业者，要更多地去关注属于这个时代的新兴事物。比如弹幕，大家在看视频、直播时，会觉得弹幕比视频的内容更加精彩，因为弹幕互动程度更高。我们一定要相信有一个新的空间可以为我们所用，找到这颗种子，让这颗种子成功萌芽进而最终存活。

在战略萌芽期，新的空间释放出"最小价值活体"，如果事先用传统模型做许多框出来，很有可能将企业带进误区。大多数创业者会惯性地认为，他们所生产的产品或者提供的服务只要足够出色，必然会获得青睐。在这个使用与从众之间，我们往往忽略掉了中间的一个巨大断层。

一个 App 被创造出来，往往会面临一个问题：这个 App 是免费的，为什么客户却不来使用呢？企业反过来思考，为什么客户要来使用这个 App 呢？这是企业常常忽略的问题。现在许多创新型企业还未能牢牢建立属于自己的领地，就是因为还没有真正跨越这个断层。一颗种子是否能够存活，不仅取决于研发团队的能力，还面临着环境的选择。

总有学生突然很高兴地跑来告诉我，他有一个新想法，问我这个想法对不对，有什么问题。然而，对不对并非是由你我来决定的，环境因素的影响是企业都无法去准确估量的。这也是企业在做战略定位的时候非常容易犯的一个错误，总是想使用简洁的理性思维来预测未来的结果。

活性更需要沉淀

企业发展经过成长期之后便是成熟期。成熟期，即一个行业发展到了稳定时期。比如，国内手机运营商就是移动、联通与电信；

战略闭合：释放从当下穿透到未来的小趋势

石油行业就是中石油、中石化、中海油。在这个情境中分析战略，使用传统的"五力模型"以及"SWOT"分析不会遇到什么障碍。寡头牢牢控制与占据行业，长期维持一个比较稳定的行业格局。

我国国有企业主要存在相对成熟的行业中，不需要大幅度创新，追求的是稳定，最主要的职能是执行。在成熟行业中，企业制订战略主要考虑的是寡头之间的游戏规则。环境相对稳定的情况下，关注重点是参与者之间的互动，进而出现了从博弈论的视角来分析企业的战略，出发点是参与者在稳定格局中整体性的控制，所以只有在成熟行业中的企业才会关注市场份额。如果一个企业无法决定一个行业变化时，过多考虑市场份额的影响势必会适得其反。

博弈论表现为成熟行业中参与者之间的战略互动。目前，美国的快递行业已经非常成熟，主要有三家企业占据市场，即UPS、联邦快递、DHL。它们将市场主导权牢牢地控制在自己手中。

我们来看它们具体的战略制订，在考虑价格策略时，如果UPS选择降价，当然是为了获得另外两家的市场份额。而此时，联邦快递或者DHL会想到，如果它们选择价格不变的话，利润能维持一定的稳定。但如果同样选择降价的话，最后产生的结果便是三家企业的利润都会大打折扣。在这个过程中，我们发现博弈论是基于理性之上的预期性判断，至于三家寡头企业最终的价格策略，必然是通过理性的预期计算得出有利于公司发展的策略。

第五部分　活性

学过经济学的朋友都明白这是博弈中比较好的结果，还有另外一种不太好的情况，我们称作"囚徒困境"，即寡头之间在竞争的前提下，各自选择的结果都不利于各自的发展，所以它们会在这个时候选择结盟。综上来看，现在众寡头在制订战略时更多会选择结盟的方式，我们称为战略联盟。但是这个结盟往往不稳定，如果其中一个不按原则出牌，且相互之间没有惩罚机制，那么这个结盟就会出现问题。

行业发展阶段进入衰退期，企业同样也需要战略，这个阶段的战略通常会遭到大家的忽视。战略的本质使命是维系一个企业的存在，当环境的发展对企业极其不利的时候，需要寻找策略实现以退为进或者实现损失最小。这个时候的关键词是积极反馈、防御以及收缩。联想在PC行业整体处于衰退阶段的时候，必须要提前准备，转型变化、收缩市场会成为战略关键词。

我以前调研过一家企业，当时的经营状况已经非常糟糕。随后调来一位新领导，新领导来了之后，集中考察梳理组织结构，调整人员分工，持续三月之后收效甚微。于是，又调来一位新领导，开始重复上一位的动作，循环往复。这样的"无用功"对企业的危害比较大。领导层制订了战略，但是慢慢发现其能量不够，根源在于仅仅截取了上层领导对市场的管控和观察，然后去思考接下来的执行系统。正确的做法是将底层涌现出的能量汇聚到企业，从而用于

· 183 ·

转型，这样才是顺势而为。

组织架构可以保证战略的定位，但是手段与方式需要一定的调整。调整的关键点在于方向，不要轻易去改变方向，方向只要大致正确即可。尤其在市场环境中生存的企业，只能是自己来决定自己的方向，这个时候调整战略的稳定和执行的关键在于保持内部的活力。

所以不要认为通过对人和组织结构的调整，就可以达到战略执行的目的，而是需要释放一种力量将战略系统进行调整和改进。就好比调教一个调皮的小孩，不是妄想通过一顿大骂便可以达到效果，而是要倡导一种潜移默化的力量，找到一种方法逐步地改变他。在我看来，战略组织的变革必然是通过这套思想来实现的。

企业文化非常重要，从理念以及价值观的层面激活每个人，让每个人都能接受战略的定位以及发展方向，从而激活每个人的活力，让大家共同看到企业发展的未来蓝图，在这个场域中可以实现个人的价值，而不是通过显性的一套制度来约束。现在很多企业的高层领导就是在塑造组织的文化。华为的员工曾经告诉过我，任正非在2003年之后基本不接触具体的业务，而是专注于告诉员工华为要到哪里去，应该营造出一种怎样的氛围，需要树立什么样的文化，对员工植入一种人生价值观。

在几年前，吉利汽车公司下决心破釜沉舟，拿所有的资金去收购沃尔沃。这一个举动可谓是震惊了中外,而今这个决定给它带来了非常好的效果,今天吉利已经成为一家非常出色的汽车公司。经过这些年的发展,我们也能够看到如今的吉利汽车公司发展之迅猛,在中国一时风头无两,在中国民营汽车公司中稳居第一。

成功并购沃尔沃汽车以来,吉利一直致力于锤炼企业文化,开展了大量以文化为主题的活动,而吉利的逆袭也离不开企业文化所发挥的大作用。关于企业的文化建设,吉利集团的董事长李书福曾说研究和推动全球型企业文化的形成与发展对于中国及全球经济的可持续发展,对于世界的和平和全人类幸福事业的建设具有非常深刻的意义。这种能够跨越国界、跨越民族、跨越宗教信仰的全球型企业文化形态,放之四海都将受到欢迎。这种企业文化不仅有利于人类文明的进步,更有利于提高企业的创新创造能力以及在全球范围内的生存发展的适应能力。

多年以前,吉利汽车公司甚至还不能够在中国的汽车市场博取一席之地,当时吉利汽车在低端车型中都是不大讨人喜欢的,甚至一度因质量原因饱受诟病,产品形象和口碑都不占优势。吉利的"逆袭"少不了企业文化的鼎力相助。

立足本土,面向全球,这是在经济全球化日益深化发展的大背景下对企业提出的要求。

全球型企业文化的建设离不开本土化和全球化的结合,如何更好地去推动本土文化的发展，如何融入外国文化的优秀部分，如何建设好全球性企业……这些都是企业家们需要深思的问题。市场如战场，推动本土文化的研发，培育本土文化人才，了解全球的经济形势，吸纳全球范围内的人才，做好全球市场相互之间的灵活协调才是在竞争中取得胜利的关键。

要在发展中凝练出企业文化，沉淀出企业活性，反过来再助推企业发展。

后记

经济全球化一直都是热门词汇，对战略决策者来说，其所具有的全球化眼光非常重要。我曾遇到一位来自葡萄牙的教授，我对他讲，现在许多中国企业都在追求全球化。这位教授说到由于国家太小，他们国家的企业都是"born global"，即天生具备全球化的视角。

在互联网时代，我们比以往任何时候都更需要拥有全球视野看企业存在的空间。

有一家涉足安全产品的国有企业，由于政府限制，走国际化路线比较困难，但是他们仍然非常坚定地说，全球化必然是其一个重要的发展空间。华南理工大学蓝海林教授认为，其实中国市场本身就存在差异性，可以将其看作全球化的一个缩影，如果能在中国市场走通，那必然可以顺利地走向世界。

全球化市场最大的障碍在于国与国之间的差别，这种差别不仅来自文化、信仰、习俗，还来自国家自身的政治、经济。以前全球化主要是由西方国家的跨国企业所主导，他们实现全球化采用的是

战略闭合：释放从当下穿透到未来的小趋势

"乌普萨拉模型"，即充当一个冲破壁垒填平鸿沟的角色，都是凭借非常强势的品牌资金进入。随着时代的变化与发展，我们原本所仰视的，充满神秘感的跨国企业也渐渐失去了神秘色彩。所以，国际化并不是一个很神秘的概念。

华为以前在俄罗斯所占市场份额极小，第一年只销售了一个价值几十美元的线缆。但当它们进入俄罗斯市场之后，利用中国人先天的处理人际关系的能力，市场份额就像滚雪球一样快速发展增大。现阶段，中国企业在做战略的时候一定不要再把国际化想象得多么神秘。"点突破"应该成为中国企业实现国际化的关键词，通过一点植入使其快速生根发芽。为什么中国能在许多发展中国家深深扎根？就是因为中国人所擅长的关系植入方式。

之前网上曾流传过一个段子。

中国人问道："非洲同胞们为什么不修铁路方便生活呢？"

非洲同胞说："因为没钱。"

中国人接过话来："我们可以帮助你们修建铁路，只要修好之后大家一起使用即可。"

非洲同胞欣然回道："好的！"

中国人又问道："为你们修好铁路，你们准备做什么呢？"

非洲同胞答道："发展旅游。"

后记

中国人再接过话来:"如果能把我们国家价廉物美的产品卖到你们这里岂不是更好?"

非洲同胞再次欣然接受,形成双赢的局面。

这种"点突破"的嵌入方式就是我所总结的中国企业做国际化的独特方式。经济全球化的背景告诉我们,跨国战略的空间必然是存在的。那么,基于前面提到的定位做活的思想,借助互联网的力量必定能够实现突破。

我们在这里可以大胆地判断,下一波影响世界商业发展的思想很大可能会来自中国,中国可能改写世界商业模式。原因有三:

一是中国企业管理实践目前已经处于世界领先的位置。我们去过许多企业,有很多的从商模式已经无法再用书本上的理论来解释和匹配,完全形成了自己的一套较为成熟自信的商业模式,并且我们还会发现已经有一大批企业成功走出了国门。就像前段时间我一位在华为工作的学生告诉我有关华为的培训,不再是像我们传统理解的聘请外面的专家进行授课,而是选择企业内部的优秀员工进行讲解,并且快速地传递,迅速付诸实践。这样的一套培训流程就是为了帮助华为能够为其员工快速地凝练出知识指导实践。

目前我们已经有了非常先进的实践成果,但还未形成一套有效的理论系统，高校的大部分管理教材还是引用国外的版本与模式，给我们这些研究者带来的挑战就是这套理论沿用下去我们将无法跟上企业实践发展的速度，最终的结果就是无法与企业进行交流。所以正是这样的一种现实，会倒逼中国企业管理理论的研究者们能够将实践再总结于理论，最终产生能够影响世界的商业理论。

二是现在环境变化的方式与工业时代差异较大。工业时代是通过社会化大机器的不断细分，这样的方式比较适合西方人理性的程序化思维模式。我们会进一步发现，按照西方思维方式所演化出的学科理论再跟随信息化时代环境去变化必然使我们更加困难。

就像之前一位跨国企业的老总告诉我的：在中国办事情，很多时候程序都会相当的复杂，而在欧洲则规划得井井有条。但最后的结果往往是在中国能够将事情办成，反而西方透明严谨的程序最终的结果是impossibility。正是因为我们中国人，尤其70后、80后，自打出生伊始，国家就在发生着巨大的变化，我们适应这种变化的生存能力必然更强，所以这也就体现了在当今巨变的世界商业环境中为什么下一波影响世界的理论很大可能会诞生于中国。

三是中国五千多年优秀传统文化的积淀所打下的基础。任正非提出的"灰度理论"，其背后的思想可溯源到中国传统文化"阴阳"学说，代表了一种以变化的视角来认知世界的方式。不同于古希腊亚里士多德开启的以"物"为基础的认知体系，我们选择从"关系"

后记

和"连接"出发。不管是"儒家文化"还是"阴阳哲学",抑或是王阳明的"知行合一",中国人所倡导的这种连接关系一直都没有断开。

就像任正非一样,在我们积淀的优秀传统文化中,哪怕只是汲取一小部分,就能够创造出适用于当今时代企业发展的理论。正是基于以上三点,我很有信心地认为未来的中国必然会产生影响世界的管理理论。

在我给学生上课的时候,我经常会告诉他们我有"三不讲",一是尽量不去讲书本上的理论,提倡他们自行阅读理解;二是尽量不去重复别人讲过的观点;三是我在之前讲过的尽量不再去重复,因为环境在变化,我自己的思想也在发生着变化。

在这个背景下,我们的转型其实正处于一个非常痛苦的过程。转型并不是去指导别人应该怎么做,而是自己的一种突破甚至是重生。我发现企业的转型最大的难题其实是企业家本身。改革开放四十年,他们好不容易学会了西方的一整套理论,现在却告诉他们一个新的时代已经到来,他们需要进行改变。

这无疑是交给企业家的一个困难课题。

杜义飞